熊本広志

絶景九州

今すぐ行きたい100名所

熊本県・樅木の吊橋

海鳥社

歴史と文化、自然の宝庫
九州を旅しよう

郷土・九州に戻って始めた撮影旅も20年が過ぎました。滝や巨樹に狙いを定め、限られた日数で地図を睨みながら走る。途中に見かけた真っ赤に燃える紅葉や季節の花々、橋や古民家などの歴史的建造物には目もくれず、時間を気にしながら目的地へまっしぐら。夕暮れ間近に最後の撮影を終え、家路へと急ぐ高速道路は、ほとんどが"夜間飛行"でした。

今回、九州の絶景を広く紹介するガイドブックを作っては、とのアイデアを頂きました。そこで私は、今までの撮影旅の通過点に残した、たくさんの"忘れ物"を探しにいくことに決めたのです。目標とする被写体だけでなく、その途中に感動した風景は貪欲にカメラに収める。カメラマンの基本に立ち返り、心動かす写真を撮ることにしました。ピックアップの基準として、本に残す以上は半永久的に存在するものを中心に選び、有名な観光地ばかりだけでなく、知る人ぞ知るところも加えました。

さあ、本書をお供に感動の九州旅に出かけましょう。そして皆さんは"忘れ物"がないようしっかりとご自分の目に、そしてカメラに残して持ち帰ってください。

楽しんで！ 行ってらっしゃい！

熊本広志

歴史と文化、自然の宝庫 九州を旅しよう 2

福岡

1 オープントップバスで巡る 福岡都心 福岡市東区 8
2 志賀島 福岡市東区 10
3 曲渕ダムパーク 福岡市早良区 11
4 油山市民の森 福岡市南区 12
5 志摩サンセットロード 糸島市 14
6 二丈渓谷 糸島市 16
7 白糸の滝 糸島市 17
8 光明禅寺 太宰府市 18
9 平尾台 北九州市小倉南区ほか 20
10 門司港レトロ 北九州市門司区 22
11 英彦山の鬼スギ 添田町 23
12 旧伊藤伝右衛門邸 飯塚市 24
13 日向神峡 八女市 26
14 朝倉の三連水車 朝倉市 27
15 秋月 朝倉市 28
16 甘木公園 朝倉市 30
17 柳川雛祭り さげもんめぐり 柳川市 32
18 谷川梅林 八女市 34

佐賀

19 呼子大橋と加部島 唐津市 36
20 七ツ釜 唐津市 38
21 立神岩 唐津市 40
22 虹の松原と唐津城 唐津市 42
23 吉村家住宅 佐賀市 43
24 北山湖 佐賀市 44
25 雄淵・雌淵公園 佐賀市 45
26 観音の滝と樫原湿原 唐津市 46
27 あじさい渓谷 唐津市 48
28 十可苑 佐賀市 50
29 川上峡 佐賀市 52
30 清水の滝 小城市 53
31 江里山の棚田 小城市 54
32 佐賀インターナショナル バルーンフェスタ 佐賀市 56
33 九年庵と仁比山神社 神埼市 58
34 祐徳稲荷神社 鹿島市 60
35 大興善寺 基山町 62

長崎

36 雲仙仁田峠 雲仙市 64
37 雲仙地獄と白雲の池 雲仙市 66
38 鷹島肥前大橋とモンゴル村 松浦市 68
39 轟峡から銀鈴渓へ 諫早市 69
40 稲佐山からの夜景 長崎市 70
41 女神大橋 長崎市 71
42 長崎ランタンフェスティバル 長崎市 72
43 鬼木の棚田 波佐見町 76
44 長串山公園 佐世保市 78
45 生月島 平戸市 80

大分

46 深耶馬溪 中津市 82
47 耶馬溪橋 中津市 83
48 谷河内の景と宇土谷 中津市 84
49 岳切渓谷 宇佐市 86
50 猿飛甌穴群 玖珠町 87
51 九重"夢"大吊橋 九重町 88
52 タデ原湿原 九重町 90
53 原尻の滝 豊後大野市 91
54 岡城跡 竹田市 92
55 湯布院散策 由布市 94
56 大神ファーム 日出町 98
57 富貴寺 豊後高田市 100
58 長安寺 豊後高田市 102
59 熊野磨崖仏 豊後高田市 104
60 天念寺と川中不動 豊後高田市 105
61 臼杵の石仏 臼杵市 106
62 白馬渓 臼杵市 108

熊本

63 熊本城 熊本市 110
64 清流の森 南小国町 112
65 マゼノ渓谷 南小国町 113
66 遊水峡とカッパ滝 小国町 114
67 鍋ケ滝 小国町 115
68 矢谷渓谷 山鹿市 116
69 通潤橋と八朔祭 山都町 117
70 蘇陽峡 山都町 118
71 菊池渓谷 菊池市 120
72 阿蘇大観峰 阿蘇市 122
73 仙酔峡 阿蘇市 124
74 阿蘇中岳 阿蘇市 126
75 一心行の大桜 南阿蘇村 128
76 古閑の滝 阿蘇市 130
77 樅木の吊橋 八代市 131
78 平沢津渓谷 五木村 132
79 天狗岩と下梶原渓谷 五木村 133
80 白滝公園 五木村 134
81 四季咲岬公園の夕陽 苓北町 135
82 崎津天主堂と大江天主堂 天草市 136

宮崎

83 高千穂峡 高千穂町 138
84 鹿川渓谷 延岡市 140
85 クルスの海と馬ケ背 日向市 142
86 若山牧水生家 日向市 144
87 百済の館と神門神社 美郷町 145
88 鬼神野溶岩渓谷 美郷町 146
89 綾の照葉大吊橋 綾町 148
90 鵜戸神宮のシャンシャン馬道中 日南市 149
91 鬼の洗濯板 日南市 150
92 飫肥城と堀川運河 日南市 152
93 都井岬と御崎馬 串間市 154

鹿児島

94 桜島 鹿児島市 156
95 仙巌園 鹿児島市 158
96 城山展望台 鹿児島市 160
97 嘉例川駅 霧島市 162
98 蒲生の大楠 姶良市 163
99 開聞岳と長崎鼻 指宿市 164
100 知覧武家屋敷 南九州市 166

あとがき 167

- 本書に掲載の情報は、各市町村のホームページや現地パンフレットをもとに問い合わせ、確認の上紹介させていただきました。ご対応いただいた方々に心より感謝申し上げます。
- 入場料・入園料や営業時間については、取材時の情報をもとに再確認の上で掲載しています。今後、経済情勢の変化などにより変更される可能性があることをご承知ください。
- 文化財や自然景観など、後世に伝えていくべき貴重なものを多く掲載しています。「来た時よりも美しく」を心がけ、楽しい想い出の旅となるよう願っています。
- 花や紅葉の見頃は、平均的な時期を掲載しました。最近は異常気象の影響により、これと異なる場合が多々あります。新聞やインターネットの開花情報などを参考にされるか、本書に記載の問合先にご確認ください。
- 山深い渓谷や滝などへのルートは、通行止めや迂回路になっている場合もあります。出発前に各問合先に道路状況の確認をすることをお勧めします。
- 本書では九州の絶景100ヵ所を著者の独断と偏見で選びました。有名地であるにもかかわらず、掲載できなかったところも多々あります。またいつの日か、違うかたちでご紹介できる機会があるかもしれませんので、ご了承いただければ幸いです。

福岡 FUKUOKA

柳川雛祭りさげもんめぐり

No. 1 オープントップバスで巡る福岡都心

高さ３ｍ, いつもと違う目線で福岡遊覧

本書の冒頭にふさわしい、その名もオープントップバス。アジアの玄関口・福岡市、ここに新たに登場した観光の目玉である。古さと新しさが融合する福岡の街並みを、約３ｍの高さから遊覧する。今までも屋根がない観光バスはあったが、これほどまでに注目されたことはなかった。まるでプロ野球の優勝パレードのように、街

1 バスガイドさんは15人の方が交互に担当。個性溢れるトークも人気の秘密／**2** 福岡市役所1F専用カウンターで予約チケットを受け取り出発／**3** 都市高速を走ると見えてきたヤフオクドーム、ヒルトン福岡シーホーク、福岡タワー／**4** 博多街なかコースを巡る赤いバス／**5** 道行く人が笑顔で手を振ってくれる／**6** 街路樹すれすれを走る／**7** シーサイドももちコースは青いバス。防寒具は無料でレンタルできる

所在地●福岡市役所前（福岡市中央区天神1丁目）から乗車
問合先●予約専用ダイヤル☎092-734-4434
料金●大人1500円／4歳〜小学生750円
＊予約制だが空席があれば乗車可能。シーサイドももちコース、博多街なかコース、福岡きらめき夜景コースの3コースがあり、所要時間は各60−80分（2013年9月現在）

撮影当日は「シーサイドももちコース」に乗車したが、春の嵐で迫力満点。平日というのに国際色豊かで満席の大盛況だった。

を歩いている人たちと乗客とが手を振りながら微笑みを交わし合う、人が温かい博多の町ならではの光景だ。

海の中道を伝って
歴史の島へ

No.2 志賀島
しかのしま

福岡市街から箱崎ふ頭、香椎かもめ大橋、アイランドシティを経由、海の中道（砂州）で陸続きに行ける全国的にも珍しい島。古代より海上交通の要衝であり、江戸時代には金印が発掘されるなど、歴史的にも貴重な島である。

海の中道海浜公園やマリンワールド、国民休暇村と続く、福岡では能古島とともに知名度が高いリゾートアイランドである。

上＝潮見公園展望台から海の中道を望む。道を挟んで左は荒々しい玄界灘，右は静かな博多湾／❶金印公園。国宝・金印はこの地で発見されたという／❷蒙古塚。元寇時に処刑された蒙古兵の供養塔／❸ウミドリが羽根を休める二見岩。奥には海の中道海浜公園の大観覧車が見える

所在地 ● 福岡市東区志賀島・弘・勝馬
　　　　［各所に駐車場あり］
問合先 ● 福岡市役所 ☎092-711-4111

No.3 曲渕ダムパーク
まがりぶちだむぱーく

福岡市郊外のもみじ狩りスポット

所在地 ● 福岡市早良区曲渕
　　　　[駐車場あり]
問合先 ● 福岡市早良区役所
　　　　☎092-841-2131
紅葉の時期 ● 11月後半－12月上旬

福岡市初の上水用ダムとして大正12（1923）年に竣工した曲渕ダム。ここに平成7年に造られた公園である。紅葉の時期は、国道からその場所がわかるほど真っ赤に色づく。福岡市街からは国道263号線を三瀬方面に向かい、曲渕トンネル手前の看板から右折し数分で駐車場。滝や渓谷などの自然散策を気軽に楽しめ、周辺には地産の店やお食事処も点在する。

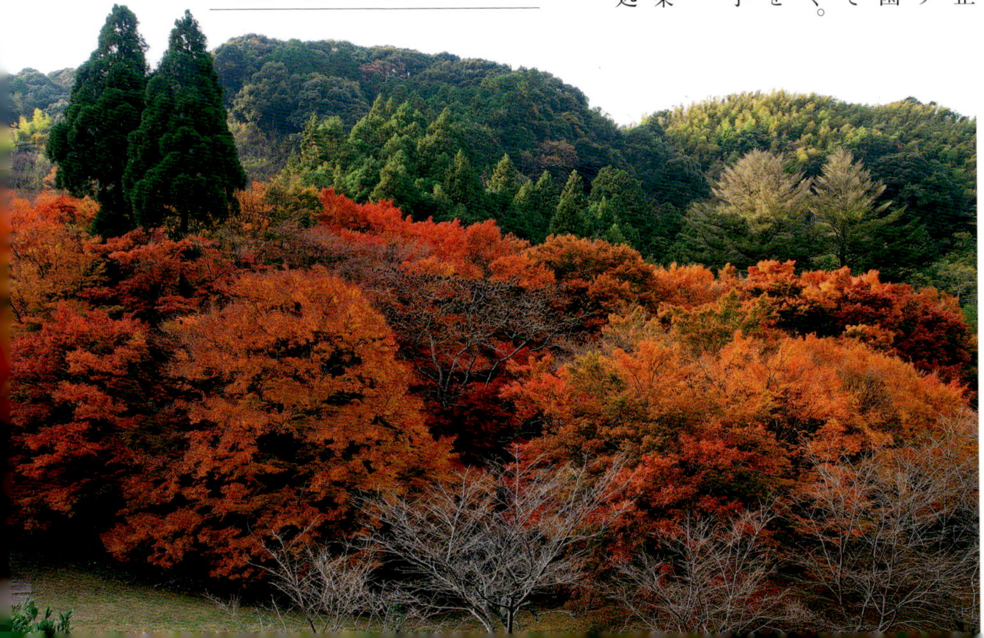

No.4 油山市民の森
あぶらやましみんのもり

自然観察の森散策と福岡市の絶景展望

標高597.7mの油山の東側中腹部に市民の森70.7ha、自然観察の森23haが整備されている。市内中心部にほど近い場所でキャンプやアスレチック、ハイキング、バードウォッチングなど自然に溶け込め、子供たちの声が絶えることがない。

また、市民の森手前にある正覚寺（油山観音）の境内からは、遠く能古島や志賀島まで一望できる。さらに中腹まで上った油山・片江展望台は、夜景や初日の出の観賞ポイントとして人気がある。

- 所在地 ● 福岡市南区桧原
　　　　　［駐車場あり／普通車300円］
- 問合先 ● 油山市民の森管理事務所
　　　　　☎092-871-6969
- 桜の時期　3月下旬－4月上旬
- 紅葉の時期　11月中旬－下旬
- 駐車場利用時間　9：00－18：00
　（夏休み期間）9：00－20：00

12

❶隣接する花畑園芸公園も満開の桜トンネル／❷市民の森入口の水車小屋と木蓮／❸風になびく鯉のぼりたちが，まるで福岡市街に向かって飛んでいるように見えた／❹管理事務所前の広場から見上げた満開の桜／下＝正覚寺境内からはヤフオクドームや福岡タワー，遠く能古島，志賀島まで見渡せる

13　福岡

No. 5 志摩サンセットロード
しまさんせっとろーど

海と夕陽を追いかけ
どこまでも走りたいリゾート海岸

糸島半島西側、二見ヶ浦から日本三大玄武洞の一つ「芥屋の大門」などを経て泉川（雷山川）河口の弁天橋に至る海沿いの道は「サンセットロード」と呼ばれている。その名の通り夕陽が美しい道で、二見ヶ浦は日本の夕陽百選に選ばれている。釣りやサーフィンなどマリンレジャーのメッカで、訪れる観光客の年齢層も若い。海岸線にはおしゃれなレストランが続き、夏のビーチでは家族連れや若者のグループがバーベキューを楽しんでいた。

1 白波に太陽が煌めく美しいビーチ／**2** 大祖神社相撲場で毎年9月1日に行われる「風止め相撲」。台風の大風を防ぎ、五穀豊穣を祈願する神事／**3** 野北漁港の大波止をバックに投げ釣りを楽しむ釣り人／**4** 何度も波にチャレンジしていたサーファー／**5** 二見ヶ浦の白い鳥居と夫婦岩は糸島を代表する人気スポット

所在地 ● 糸島半島西側 [各所に駐車場あり]
問合先 ● 糸島市商工観光課 ☎092-332-2079

No. 6 二丈渓谷
にじょうけいこく

下＝加茂ゆらりんこ橋。1本のワイヤーで吊られた橋としては世界有数の長さ／右＝橋から見た渓谷

吊橋を渡って
ハイキングコースへ

福岡から唐津方面への国道202号線沿い、深江と大入の間に二丈渓谷の案内標識があり、左折して加茂川沿いを上っていく。広い駐車場からすぐ全長100mの加茂ゆらりんこ橋を渡り、清涼感満点の遊歩道を歩く。行き着いたところには落差が大きく、紅葉の名所でもある明神の滝が落ちている。

所在地 ● 糸島市二丈福井 ［駐車場あり］
問合先 ● 糸島市商工観光課 ☎092-332-2079
＊地図は15頁

水量にかかわらず
いつでも絵になる名瀑

西九州自動車道前原ICから県道12号線を南下し、案内板に従って走る。

四季を通して人気が高い落差24mの名瀑で、県指定名勝。新緑や紅葉は美しく、夏はそうめん流しやヤマメ釣りが楽しめ、厳冬期には氷瀑も見ることができる。師走の頃に訪れたが、お食事処はスタッフ2名で営業中。「白糸の滝は年中無休です」の看板があった。

所在地 ● 糸島市白糸 ［駐車場あり］
問合先 ● 糸島市商工観光課 ☎092-332-2079
＊地図は15頁

No. 7 白糸の滝（しらいとのたき）

8 光明禅寺
こうみょうぜんじ

枯山水の紅葉庭園に時を忘れる

菅原家の生まれである鉄牛円心が鎌倉時代に建立した禅寺で、ここから歩いて数分の太宰府天満宮の血縁寺である。苔寺としても有名で、白い砂で海を、苔で陸を表現しているという。

太宰府天満宮への参拝客で常に賑わう参道から少し入ったところにあり、静かな小京都の佇まいをのんびりと散策できるが、紅葉の時期になると多くの観光客が訪れる。三脚撮影は禁止なのでルールを守りましょう。

18

❶光があまり入らないため日本画のような繊細な風景が広がる／❷縁側の向こうから視界に飛び込んでくる鮮やかな光景／❸落葉と白砂の鮮やかなコントラスト

所在地 ● 太宰府市宰府2-16-1 ［周辺に有料駐車場あり］
問合先 ● 太宰府市観光交流課 ☎092-921-2121
拝観料 ● 200円　　8:00-17:00
紅葉の時期 ● 11月下旬－12月上旬

19　福岡

No.9 平尾台
ひらおだい

広大なカルスト台地で
地球の鼓動を感じる

小倉南区の貫山（ぬきさん）（712m）周辺の500－600m級の山々が連なる一帯に大小様々な鍾乳洞があり、「羊群原（ようぐんばる）」と呼ばれる石灰岩柱群が壮大な景観を見せる。日本三大カルストの一つで、北九州国定公園に指定されている。

天候が良いと、遠く国東（くにさき）半島まで見渡せ、毎年3月には野焼きも行われる。貴重な植物も多く、入場無料の平尾台自然観察センターなど学習施設も整っている。

所在地 ● 北九州市小倉南区，行橋市，田川郡香春町，京都郡苅田町・みやこ町（駐車場あり）

営業時間 ● 平尾台自然観察センター
（月曜定休）
9：00－17：00
☎093-453-3737
平尾台自然の郷（火曜定休）
9：00－17：00（3－11月）
10：00－16：00（12－2月）
☎093-452-2715

No.10 門司港レトロ
もじこうれとろ

海の香ただよう大正浪漫の街

明治・大正期に一大貿易拠点として栄えた門司港地区の貴重な建築物を活かし、「門司港レトロ地区」として観光地化されている。その都市空間デザインは高く評価され、国土交通省の都市景観百選に選ばれた。

その中心となるのが門司港駅。現在の駅舎は2代目で、大正3（1914）年に建てられた。構内の洗面所や上水道など当時の姿のまま保存されているが、老朽化や耐震性の問題で2012年9月より改修工事が始まり、2019年に完了予定。

所在地 ● 北九州市門司区［各所に駐車場あり］
問合先 ● 門司港レトロ総合インフォメーション
☎093-321-4151
門司港駅観光案内所 ☎093-321-6110
＊地図は21頁

1 門司港駅。工事開始1週間前に撮影／**2** 1日数回，船が行き交う度に開く跳ね橋／**3** 国際友好記念図書館の背後にそびえる故・黒川紀章氏設計の門司港レトロハイマート

No.11

英彦山の鬼スギ
（ひこさんのおにすぎ）

その昔、樹高70mであったが、台風で折れたとの伝説が残る。国の天然記念物。通常、国道500号線沿いのしゃくなげ荘から50分の登山と案内されるが、しゃくなげ荘から大南林道を東へ車で10分、左側の狭い入口から約20分の軽登山で行くこともできる。道幅が狭いので要注意。

霊峰・英彦山にそびえる
巨大な守り神

所在地 ● 田川郡添田町英彦山 ［駐車スペースあり］
問合先 ● 添田町商工観光係 ☎0947-82-1236

No.12 旧伊藤伝右衛門邸
きゅういとうでんえもんてい

贅を尽くした美の邸宅と広大な回遊式庭園

「筑豊の炭鉱王」と呼ばれた伊藤伝右衛門の本邸として明治30年代後半に建造され、大正、昭和初期に増改築が行われた。家屋は飯塚市有形文化財、庭園は国名勝に指定されている。

伝右衛門の妻であり歌人であった柳原白蓮（びゃくれん）の波乱の生涯は有名で、敷地内にある旧伊藤商店の建物を改装した白蓮館には当時の貴重な写真や書などが展示されている。

訪れた時は飯塚市全体で「筑前いいづか雛（ひいな）の祭り」が開催中。邸内の大広間を中心に各部屋に数え切れないほどの雛人形が飾られ、平日でも次々に訪れる観光客へスタッフの人たちが丁寧に説明される様子が印象的だった。

座敷雛
「京の花見」

右頁＝広い屋敷を貫く廊下にも畳が敷き詰められている／上＝20畳の大広間に飾られた約500体の座敷雛。「京の花見」をテーマに絵巻物の世界が表現されていた／❶国指定名勝の庭園から見る本邸／❷建物全体は和風の造りだが、応接間は本格的アールヌーヴォー調の洋風スタイル／❸白蓮の部屋は庭園を一望できる2階の角部屋／❹雛飾りの横に掛けてられていた珍しい「掛軸雛」

所在地●飯塚市幸袋300［駐車場あり］
問合先●旧伊藤伝右衛門邸☎0948-22-9700
入場料●高校生以上300円、小中学生100円
開館時間●9：30－17：00（入館は16：30まで）
休館日●水曜日（祝日の場合は開館、イベント期間中は無休）、年末年始（12月29日－1月3日）

No.13 日向神峡
ひゅうがみきょう

神々をも魅了した奇岩と紅葉

九州自動車道八女ICより国道442号線を45分ほどで「グリーンパル日向神峡」の正門に着く。日向の神々がその美しさに惹かれ降り立ったとの伝説が残るほどの景勝地で、春は桜、秋は紅葉に彩られる。グリーンパル日向神峡は湖周辺のキャンプ場で、コテージやレストラン、25台収容できるオートキャンプ場がある。湖でボートを漕ぎながら、奇岩や奇峰が続く渓谷を眺めることもできる。

- 所在地 ●八女市黒木町北大淵
  ［駐車場あり］
- 問合先 ●八女市観光振興課
  ☎0943-23-1192
- 紅葉の時期 ●11月中旬前後

No. 14 朝倉の三連水車
あさくらのさんれんすいしゃ

耳納連山をバックに元気に働き続ける水車たち

大分自動車道朝倉ICから県道沿いに約2km。耳納連山を遠くに眺める水田地帯に筑後川からの水を送るために造られた水車群である。

現在も菱野三連水車をはじめ三島二連水車、久重二連水車が農作業の時期、6月から10月にかけて稼働しており、ガッタン、ゴットンと心地良い響きを立てる。日本最古の実働水車群で、平成2年に「堀川用水及び朝倉揚水車」として国史跡に指定された。

所在地●朝倉市菱野［駐車スペースあり］
問合先●朝倉市商工観光課☎0946-52-1428
＊地図は31頁

No. 15 秋月（あきづき）

山間の城下町を彩る真っ直ぐな桜のトンネル

大分自動車道甘木ICから国道322号線を10kmほど北上する。

城下町・秋月の歴史は、鎌倉時代に秋月氏が築城した山城に端を発する。江戸時代には福岡藩の支藩として秋月藩が成立し、城下町としての整備が進んだ。「杉の馬場」という真っ直ぐに延びる参道の名は、当時杉並木が立ち並び、武士が馬術の訓練に使用したこと

から名づけられたという。明治時代に桜並木が植えられ、小京都の雰囲気が漂う風情ある町になった。現在も、城の裏手門であった長屋門や旧大手門の黒門、長崎から技術者を招いて造られた石造アーチ橋の目鏡橋などの文化財が点在し、往時を偲ばせる。

❶約200本、500mにわたって続く杉の馬場の桜トンネル／❷もともとは大手門へ向かう通路であった瓦坂。今は人気の記念撮影ポイントになっている／❸奥御殿へ通じる裏手門として使われていた長屋門／❹紅葉の時期にも訪れたい

所在地 ● 朝倉市秋月野鳥
　　　　［駐車場あり／有料］
問合先 ● 朝倉市商工観光課
　☎0946-52-1428
桜の時期 ● 3月下旬-4月上旬
＊地図は31頁

No.16 甘木公園
あまぎこうえん

その数4000本、
県下屈指の桜の名所

大分自動車道甘木ICから国道322号線を北へ3km。朝倉市役所に隣接し、駐車場も広く入口も南北にある。県下有数の桜の名所で、その数何と4000本。期間中18時以降はライトアップされ、ソメイヨシノ、山桜や八重桜が、広大な公園内で昼夜を問わず目を楽しませてくれる。遊歩道も綺麗に整備され、ウォーキングやピクニックなどにも最適な市民の憩いの場である。前頁の秋月に近く、1日2ヵ所の桜三昧も味わえる。

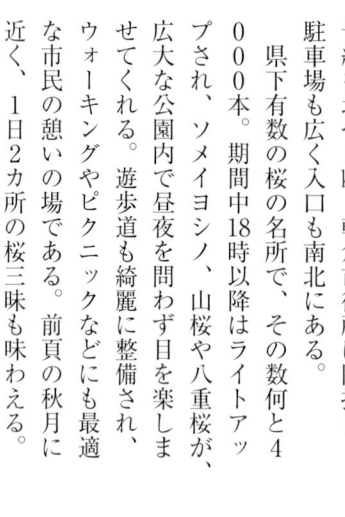

所在地 ● 朝倉市菩提寺 [駐車場あり]
問合先 ● 朝倉市商工観光課 ☎0946-52-1428
桜の時期 ● 3月下旬 − 4月上旬

31　福岡

No.17 柳川雛祭りさげもんめぐり

可憐で華やかな
おひな様水上パレード

江戸末期より、女の子が生まれると、お雛様の代わりに古着で作った飾り物で祝ったのが「さげもん」の原点。そして初節句に雛壇の前に色とりどりのさげもんを飾り、観光客に公開したことが「さげもんめぐり」の始まりだった。

竹の輪に赤白の布を巻き、7個7列49個、中央に柳川まりを2個吊して計51個。人生50年と言われた当時の、1年でも長生きしてほしいという親の願いが込められている。

毎年2月から4月にかけて様々なイベントが開催され、そのメインとなるのが、お内裏様とお雛様、可愛い幼児たちを乗せた「おひな様水上パレード」。出発地点の水天宮から終点の三柱神社まで川を上り、多くの観光客から歓声が沸き上がる。

1 観衆に向かって「こんにちはー」と可愛いご挨拶／2 西鉄柳川駅に飾られた雛人形とさげもん／3 さげもんや毬はお土産としても人気／4 北原白秋生家

所在地　柳川市内各所　［駐車場あり］
問合先　柳川市観光協会☎0944-73-2145
　　　　柳川市観光案内所☎0944-74-0891

No.18 谷川梅林
たにがわばいりん

九州最大級3万本の梅が早春を告げる

- 所在地 ● 八女市立花町谷川
  ［祭り期間中のみ駐車場あり］
- 問合先 ● 立花町観光協会☎0943-37-1055
  八女市立花支所産業経済課
  ☎0943-23-4941
- 梅の時期 ● 2月中旬－3月上旬

九州自動車道八女ICから国道442号線を東へ約6km、納楚交差点を右折し3号線を南下する。2kmほどでJAのガソリンスタンドを左折。祭り期間以外は観光用の駐車場がないので駐停車には注意。

約80ha、3万本の梅園は九州最大級。丘をいくつ越えても梅林が広がる光景はまるで桃源郷のようだ。「夢たちばな観梅会」というお祭り期間中には、隣接するワインセラーで約3000本の竹灯籠を灯す「竹あかり幻想の世界」も開催される。

佐賀
SAGA

佐賀インターナショナルバルーンフェスタ

No. 19 呼子大橋と加部島
よぶこおおはしとかべしま

右上＝弁天島遊歩道から見上げた呼子大橋。佐賀新聞社が選定した「新さが百景」の第1位に選ばれた／左上＝加部島の杉の原遊牧場。奥に見えるのは小川島

「新さが百景」第1位，海の絶景を見に行こう

平成元年開通の呼子大橋は、九州本土と加部島を結ぶ通行料無料の架け橋で、ハープの弦に似ていることから「ハープ橋」とも言われている。その下に弁天島があり、駐車場からオレンジ色の橋を歩いて渡り、干潮時には磯遊びができる。加部島の北端からは加唐島や小川島が見え、島内の「風の見える丘公園」は呼子大橋や名護屋城跡などを一望できる絶景ポイント。呼子はイカの漁獲量が多く、活造りの料亭や一夜干しなどを売る朝市も人気が高い。

所在地 ●唐津市呼子町 ［駐車場あり］
問合先 ●唐津市観光課 ☎0955-72-9127

36

佐賀

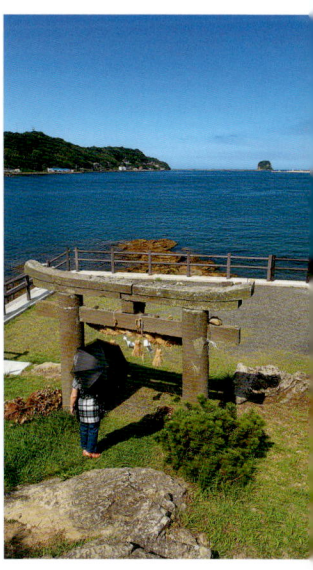

No. 20 七ツ釜
ななつがま

柱状節理の海岸線と
巨大な洞

呼子から国道204号線沿いを3kmほど唐津方面へ向かったところで左折、約2kmで広い専用駐車場に着く。

玄武岩が玄界灘の荒波により浸食され、その名の通り7つの洞窟が並んでいる。昭和11年に国の天然記念物に指定された。呼子港から遊覧船が出港し、奥まで船で入れるほど巨大な洞窟もある。柱状節理の岩礁地帯は広域にわたり、メガネ岩や象の

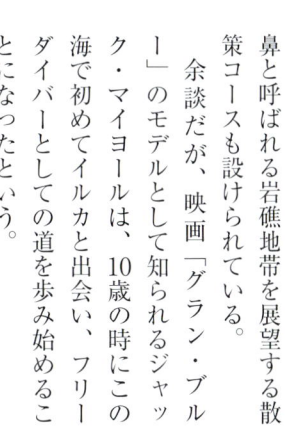

鼻と呼ばれる岩礁地帯を展望する散策コースも設けられている。

余談だが、映画「グラン・ブルー」のモデルとして知られるジャック・マイヨールは、10歳の時にこの海で初めてイルカと出会い、フリーダイバーとしての道を歩み始めることになったという。

上＝「象の鼻」と呼ばれる岩礁帯／下＝蒼い海と洞窟群。先端のヘラのような部分に、凪の日は瀬渡し船で釣り人が上陸する

所在地●唐津市屋形石［駐車場あり］
問合先●唐津市観光課☎0955-72-9127
＊地図は36頁

No. 21 立神岩
(たてがみいわ)

巨大な奇岩が異空間をつくり出す

七ツ釜から国道204号線を唐津方面へ2kmほど走ると、地元で「夫婦岩」と呼ばれる大きな奇岩が見えてくる。近くまで行ってみると、まるで別の惑星のような不思議な空間で、高さ最大30mほどの巨岩・奇岩が今にも倒れそうに折り重なっている。立入禁止の看板があるので、近寄らないで眺めるだけにしておこう。

岩の前の小さなビーチはとても美しく、広い湾は九州サーフィン発祥の地としても有名である。

1 夕日が赤く染める時間帯は、「ここは火星？」と錯覚するほど。神秘的な岩々に言葉を失う／**2** ミニプライベートビーチ。ここで1日過ごせたら、どんなに癒されるだろう

所在地 ●唐津市湊町
　　　　［駐車場あり］
問合先 ●唐津市観光課
　　　　☎0955-72-9127
＊地図は36頁

No. 22

虹の松原と唐津城

にじのまつばらとからつじょう

1 巨大で奇形の松が茂る中を歩くとそこは別世界。異様な雰囲気が漂う／2 唐津市のシンボル・唐津城。白い鶴が羽を広げる姿に見立て舞鶴城とも呼ばれた／3 舞鶴公園から見た虹の松原海岸の白波

日本三大松原と名城の絶景

所在地 ● 唐津市東唐津・東城内
　　　　　［駐車場あり］
問合先 ● 唐津市観光課 ☎0955-72-9127
＊地図は36頁

福岡方面から国道202号線を走り県道347号線に入ると、延々と松原が続く。そして視界が開けると、海に面した高台に唐津城が見えてくる。

唐津城の特設エレベーターから舞鶴公園に出ると、唐津湾と虹の松原の絶景を一望できる。虹の松原は、唐津藩初代藩主・寺沢志摩守広高が防風・防潮林として植林したのが始まりで、幅1km、長さ5kmにわたって100万本のクロマツが虹のように広がる姿から名づけられた。

42

No. 23 吉村家住宅
よしむらけじゅうたく

県内最古の古民家に日本の原風景を見る

前頁の浜玉地区から国道323号線を北山湖方面へ向かい、県道12号線へ左折、上無津呂（かみむつろ）バス停付近に駐車場がある。

天明9（1789）年の墨書が見つかり、現存する中で県内最古の古民家であることが判明、国の重要文化財に指定された。木造平屋建て、茅葺（かやぶ）きの寄棟造（よせむねづく）りで、土間には当時のかまどが残る。敷地は広大で、母屋の横には大きな土蔵も立っており、代々続く上層農家であったことがうかがえる。

1 大きな梁や広い部屋は重厚な雰囲気に満ちている／2 鶴の「こて絵」が描かれた土蔵／3 広い敷地内に一歩足を踏み入れると、古き良き"ニッポン"を感じることができる

所在地●佐賀市富士町上無津呂2856［駐車場あり］
問合先●佐賀市富士支所産業振興課
☎0952-58-2860
＊地図は44頁

43　佐賀

No. 24 北山湖（きたやまこ）

森と湖が織りなす豊かな自然風景

前頁の吉村家住宅から国道323号線に戻って北山ダム方面へ。県道39号線に入って2kmほど走る。

北山ダムは、一級河川・嘉瀬川（かせ）の最上流部に昭和31年に完成した、灌漑と水力発電が目的の県内初のコンクリート多目的ダム。ダムは「ほくざんだむ」、湖の名は「きたやまこ」と読むが、ほくざんは当時の地域の通称、湖の名は一般公募で決まった愛称とのこと。

北山湖はバスフィッシングのメッカであり、ボートやサイクリングを楽しむ人も多い。

所在地　●佐賀市富士町［駐車場あり］
問合先　●佐賀市富士支所産業振興課
☎0952-58-2860

44

No.25 雄淵・雌淵公園
おぶち・めぶちこうえん

所在地 ● 佐賀市富士町上熊川
[駐車場あり]
問合先 ● 佐賀市富士支所産業振興課
☎0952-58-2860
＊地図は右頁

中国の文人にも愛された奇岩の渓谷

前頁の北山湖から県道275号線を南下し、国道209号線へ右折、2kmほどで左側に見える渓谷。その昔、いかだ流しの難所として恐れられた。奇岩の水面下には洞窟があると言われ、水難事故も多く、今は遊泳禁止となっている。日中友好に貢献した中国の文学者・郭沫若（かくまつじゃく）が、この一帯を気に入り頻繁に訪れたことから記念碑が建てられている。

45　佐賀

豪快な名瀑と九州の尾瀬

No.26 観音の滝と樫原湿原
かんのんのたきとかしばるしつげん

国道323号線から「観音の滝」の標識に従って走る。観音の滝は「男滝」と呼ばれるほど豪快な滝で、日本の滝百選の一つ。毎年8月、この一帯で「国際渓流滝登り大会inななやま」が開催され、国内外から多くの参加者やギャラリーが訪れる。

滝から車で10分ほど上ると樫原湿原。約12万㎡の広大な湿原には手つかずの自然が残り、「九州の尾瀬」とも称される。

七山には地元の物産店や温泉もあり、1日中楽しめる。

1 滝登り大会のチャレンジャー。苦悶の表情！／**2** 観音橋から望む観音の滝。滝の真横にある階段を下って近くまで行ける／**3** 標高600m，約12万㎡，約60種の湿原植物が生息し，自然環境保全地域特別地区に指定されている樫原湿原／**4** 樫原湿原に生息する赤いハッチョウトンボ／**5** 樫原湿原でよく見かけるヒツジグサ

所在地●唐津市七山［駐車場あり］
問合先●唐津市七山支所産業課
☎0955-53-7175

No. 27 あじさい渓谷

滝へと続く
鮮やかなあじさいロード

唐津市内から国道203号線を10kmほど南下、伊岐佐(いきさ)方面へ左折して、日本の滝百選の見帰りの滝へと向かう。

滝まで続く渓谷は別名「あじさい渓谷」とも呼ばれ、6〜7月の開花時期にはあじさい祭りが開催される。色鮮やかな美しい渓谷を終点の滝まで歩くコースは、毎年たくさんの観光客が訪れる。

❶多種多様な色合いを見せるあじさいと大小様々な滝／❷傘やあじさい、そして笑顔の花が咲く幸せなひととき／❸見帰りの滝で記念写真を撮るカップル。絶景二人占め！

所在地 ● 唐津市相知町伊岐佐
　　　　［特設駐車場あり／美化協力金200円］
問合先 ● 唐津市相知支所産業課 ☎0955-53-7125
　　　　唐津観光協会相知支所 ☎0955-51-8312

No. 28 十可苑
じゅっかえん

九州の嵐山へようこそ！

長崎自動車道佐賀大和ICから国道263号線を1kmほど北上、左側に川上峡の赤い官人橋が見えてくると、国道沿い右側に十可苑の広い駐車場がある。

鍋島家の別荘地を利用して造られた庭園で、「九州の嵐山」と称される。春は約3万株のツツジや1万本のシャクナゲ、秋は紅葉が美しい。園内には地元出身の日本画家・立石春美の美術館があり、多くの美人画が展示されている。園の入場料は美術館入館料込みなので無料で見学できる。

緩やかな坂を登るたびに燃えるように色づいた木々の美しさに感激、シャッターを押し続けた1日だった。

1 緩やかな坂を上りながらゆっくりともみじ狩りを楽しもう／**2** 駐車場の黄色い車ともみじのコントラスト／**3** 水はなかったが、もみじの池になっていた

所在地　●佐賀市大和町梅野　[駐車場あり]
問合先　●十可苑 ☎0952-62-0012
開園時間　●9：30－17：00　入場料600円
紅葉の時期　●11月中旬－下旬
＊地図は55頁

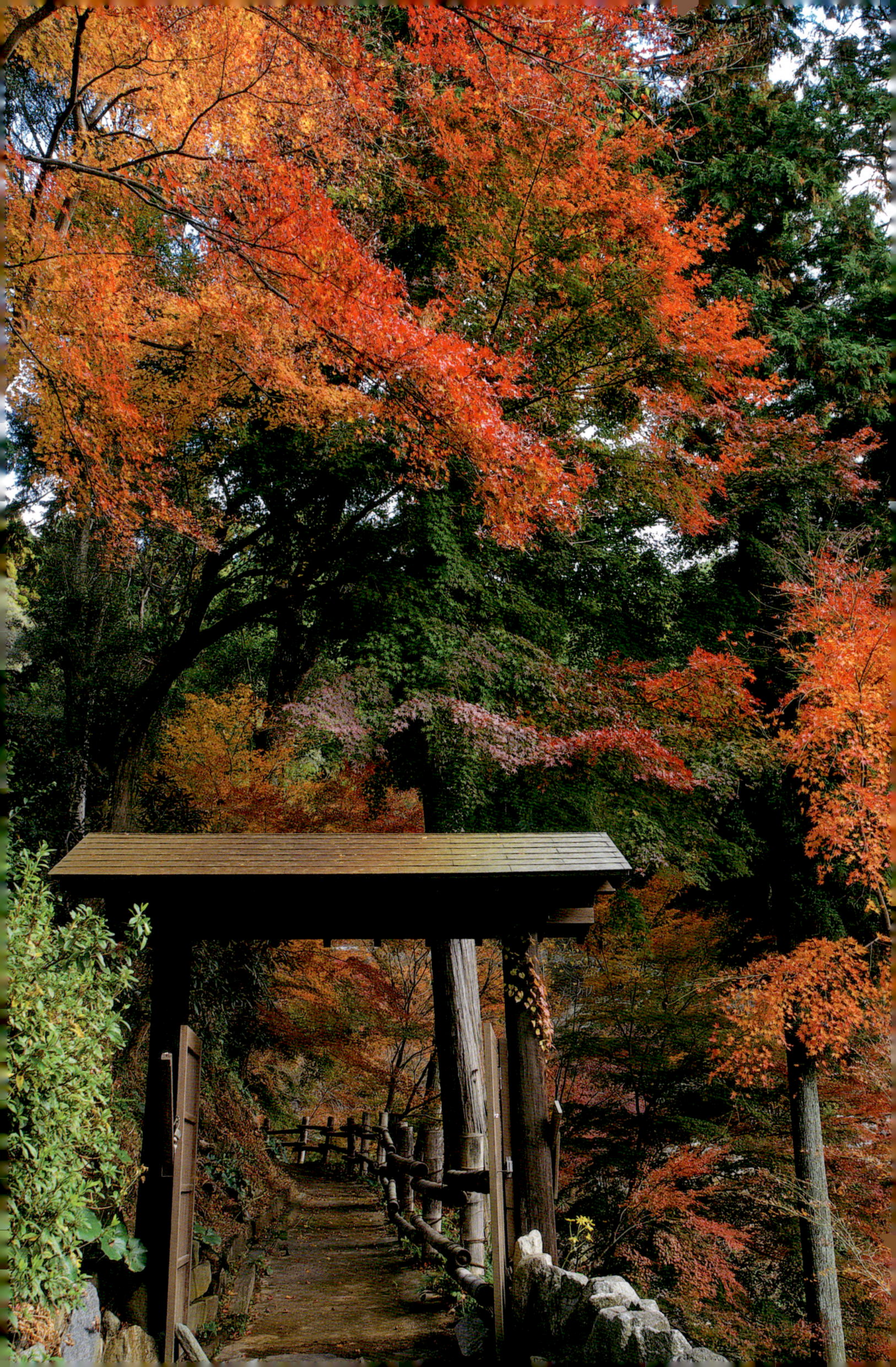

No. 29 川上峡
かわかみきょう

小京都の古刹めぐり

前頁の十可苑から川上峡の赤い官人橋を渡るとすぐに左側に与止日女神社、その向かいには県の重要文化財に指定された仁王門が立つ実相院がある。

与止日女神社は別名・河上神社ともいい、国の重要文化財に指定された古文書のほか多くの文化財が残る。樹齢1400年という大楠が川沿いから境内を覆うように立ち、長い歴史に思いを馳せ、静かな時を過ごすことができる。

1 川上峡のシンボル・官人橋／2 実相院の仁王門／3 200年前に焼失したという与止日女神社の大楠。幹回り27mとの伝説が残る／4 黄色い銀杏の絨毯で埋め尽くされた与止日女神社境内

所在地 ● 佐賀市大和町川上
　　　　[駐車場あり]
問合先 ● 佐賀市大和支所
　　　☎0952-58-2860
＊地図は55頁

52

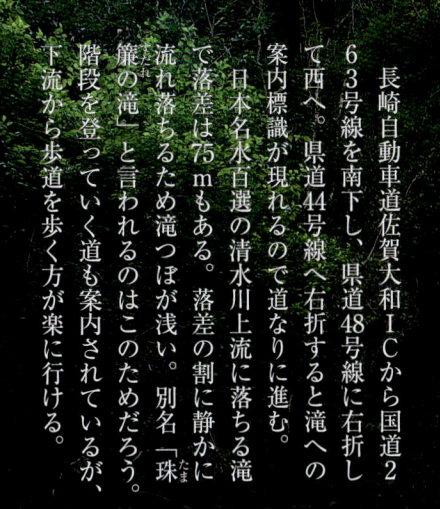

No.30 清水の滝
きよみずのたき

長崎自動車道佐賀大和ICから国道263号線を南下し、県道48号線にて西へ。県道44号線へ右折すると滝への案内標識が現れるので道なりに進む。日本名水百選の清水川上流に静かに落ちる滝で落差は75mもある。落差の割に滝つぼが浅い。別名「珠簾の滝」と言われるのはこのためだろう。階段を登っていく道も案内されているが、下流から歩道を歩く方が楽に行ける。

所在地 ●小城市小城町松尾（駐車場あり）
問合先 ●小城市観光協会 ☎0952-72-7423
＊地図は55頁

日本名水百選の
清水が流れる名瀑

No. 31
江里山の棚田
えりやまのたなだ

1 ジグザグに続く棚田を登ると、眼下にはまた違った絶景が広がっている／**2** ユニークなかかしの展示

日本棚田百選の棚田を彩る彼岸花

小城市中心部から県道290号線を北上すると「江里山の棚田」への案内板が見えるので、そこから右折して道なりに進む。

天山山系・江里山の中腹、標高250mに約600枚の棚田が広がり、日本の棚田百選に選定されている。

毎年ひがん花まつりが開催され、黄金色の棚田と真っ赤な彼岸花が美しいコントラストを見せる。

所在地 ● 小城市小城町岩蔵
[祭り期間は特設駐車スペースあり]
問合先 ● 小城市農林水産課
☎0952-37-6125
彼岸花の開花 ● 9月下旬－10月上旬

No. 32 佐賀インターナショナルバルーンフェスタ

大空を舞う熱気球に感動！

長崎自動車道佐賀大和ICから国道263号線を南下して国道34号線へ右折、嘉瀬川にかかる嘉瀬大橋付近に広い特設駐車場がある。大会期間中、JR長崎本線に臨時の仮設駅「バルーンさが駅」も設けられる。

撮影当日は、決められた出発地点から大会本部のゴール地点に時間内に辿りつき、マーカーと呼ばれる赤い砂袋を落としてその正確さを競う競技が行われた。風を読み風に乗り、高度を調節しながらの難易度の高い競技で、選手やスタッフの熱意が伝わってくる素晴らしい大会だった。

1 ゴールに向けて戻ってくるたくさんのバルーン／2 色とりどりのバルーン／3 赤いマーカー（矢印）を落とした瞬間！／4 そこはコース外？／5 バルーンを見つめるカップル／6 カゴに乗っての記念撮影／7 JRバルーンさが駅は会場のすぐそば

開催地 ●佐賀市嘉瀬町荻野・嘉瀬川河川敷
　　　　［特設駐車場あり／環境整備協力金1000円］
問合先 ●熱気球大会佐賀運営委員会（佐賀市観光振興課内）
　　　　☎0952-29-9000　　＊地図は55頁

33 九年庵と仁比山神社

くねんあんとにいやましんじゃ

1 休憩中の観光客／**2** 九年庵の庭園を撮影／**3** 仁比山神社参道に立つ真っ赤なもみじの木。大勢の観光客の被写体になっていた／**4** 仁比山神社／**5** 近代医学の父と言われた伊東玄朴の旧宅。仁比山神社参道にある

庭園と神社, 寺院でもみじの饗宴

長崎自動車道東脊振ICから国道385号線を約1km南下して県道31号線へ右折、約4km先で県道21号線へ右折して北上する。

佐賀藩出身の実業家・伊丹弥太郎が明治25（1892）年に造った別荘と、明治33年から9年かけて築いた6800m²の庭園。これが「九年庵」という名の由来で、毎年紅葉の時期に9日間一般公開されている。紅葉のピークに公開時期が合わないこともあるが、県内で最も有名な紅葉の名所であり、国の名勝に指定されている。

すぐ隣には、天平元（729）年に僧・行基が創建したと伝わる仁比山神社と仁比山護国寺地蔵院が並び、こちらも紅葉の名所として知られている。

なお、九年庵は春にも公開されており、もみじの新緑や庭園のツツジ、シャクナゲなど春の爽やかな花々を楽しむことができる。5月のゴールデンウィーク期間中の予定なので日時を確認して出かけよう。

所在地 ● 神埼市神埼町的（ゆくわ）
　　　　　[駐車場あり／有料]
紅葉の時期 ● 11月中旬－下旬
問合先 ● 神埼市役所商工観光課 ☎0952-37-0107
九年庵の公開時期 ● 秋は11月15－23日
　　　　　　　　　春は変動あり
　　　　　　　　　8：30－16：00
入場料 ● 美化協力金300円（中学生以下無料）
　　　　　仁比山神社は入場料なし

No.34 祐徳稲荷神社
ゆうとくいなりじんじゃ

左上＝本殿の煌びやかな天井／**1**神楽殿の重厚な屋根／**2**本殿の左右には鮮やかな朱色の階段がある／**3**祐徳博物館の梅／**4**稲荷明神の使者である狐（稲荷）／**5**大きな楼門は超広角レンズで写すのが精一杯／**6**神楽殿では神事が行われていた

日本三大稲荷神社
朱塗りの大舞台

貞享4（1687）年、肥前鹿島藩主・鍋島直朝（なおとも）の夫人が、京の実家より稲荷大神の分霊を勧請したのが始まりという。商売繁盛、家内安全など様々な祈願に訪れる参拝者は、何と年間300万人。

境内を四季折々に彩る花々や紅葉は美しく、「鎮西日光」と称されるほど絢爛豪華な本殿や神楽殿、そして京都の清水寺そっくりの大舞台を目にすると、驚きで声も出ないほど。駐車場のそばには鎧や刀、美術品、郷土資料などを展示する祐徳博物館がある。

所在地 ● 鹿島市古枝［駐車場あり］
問合先 ● 鹿島市役所 ☎0954-63-2111

60

61　佐賀

No.35 大興善寺
だいこうぜんじ

どこまでも続くツツジの楽園

九州自動車道鳥栖ICから国道3号線を4kmほど北上し、県道137号線へ左折して約5km。鳥栖筑紫野道路園部ICから国道137号線経由でも行ける。

「つつじ寺」とも呼ばれ、開花時期は境内から山の斜面にかけて数え切れないほどのツツジが咲き誇る。特に圧巻は「一目一万本」と言われる広場で、見渡す限り赤やピンクの海が広がる。秋の紅葉も格別である。

- 所在地 ● 三養基郡基山町園部3628 [駐車場あり／有料]
- 問合先　基山町役場 ☎0942-92-2011
  　　　　大興善寺 ☎0942-92-2627
- 契園入園料 ● シーズン中：大人500円／小中300円
  　　　　　　シーズン外：大人300円／小中100円
  　　　　　　8：30-日没まで
- ツツジの開花 ● 4月中旬-5月上旬

長崎
NAGASAKI

長崎ランタンフェスティバル

No. 36
雲仙仁田峠
うんぜんにたとうげ

長崎自動車道諫早ICから国道57号線、県道128号線経由で雲仙仁田峠へ。

「日本経済新聞」の「NIKKEIプラス1」で、九州で一番行きたい紅葉名所のNo.1に輝いた。春はミヤマキリシマ、秋は紅葉、冬は樹氷と、年中絶景が味わえる。ロープウェイで仁田峠斜面の紅葉を楽しみ、妙見岳を縦断して鬼神谷まで約1時間のルートを散策。山頂なので紅葉は早く、11月1日に訪れたが、鬼神谷ではすでにピークを過ぎていた。

64

感動の紅葉大パノラマ

右＝ロープウェイが昇り始めると，赤や黄色のパッチワークが眼下に広がる。2基のうち，上に向かって右側に乗る方がより絶景を味わえる／上＝鬼神谷下の紅葉茶屋と呼ばれる辺りで食事をとる登山グループ／下＝妙見岳の視界が開けた場所から見下ろす大パノラマ。有明海や天草まで見晴るかすことができる

所在地●雲仙市小浜町雲仙・仁田峠
　　　　［駐車場あり］
問合先●雲仙市役所☎0957-38-3111
　　　　雲仙観光協会☎0957-73-3434
ロープウェイ料金（往復）●大人1220円
　　　　子供（中学生以上）610円
紅葉の時期●10月下旬－11月上旬

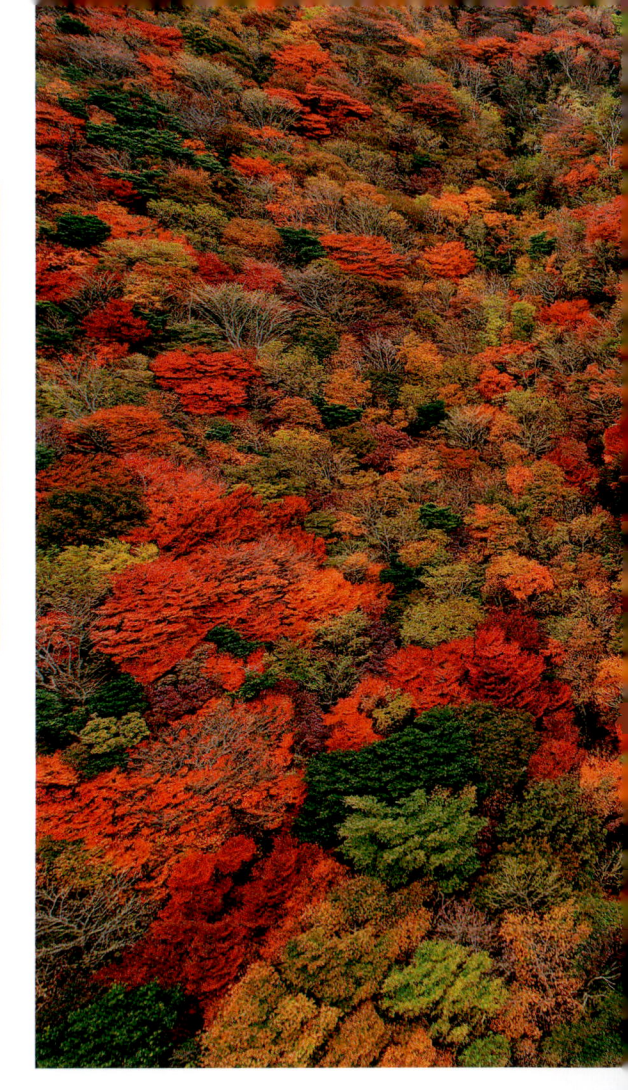

No. 37 雲仙地獄と白雲の池
うんぜんじごくとしらくものいけ

迫力の地獄地帯と
もみじ狩りの穴場スポット

1 わかっちゃいるけど怖い看板／2 車道にまで湯煙モクモク！／3「ここからなら全体を撮れる」と，温泉卵売りのおばちゃんお勧めのポイントから撮影

所在地 ●雲仙市小浜町雲仙 ［駐車場あり］
問合先 ●雲仙市役所☎0957-38-3111
　　　　雲仙観光協会☎0957-73-3434
＊地図は64頁

雲仙地獄は別府の地獄巡りのように点在するのではなく、白煙を噴き出す温泉地帯を一望でき、文字通り地獄の風景。橘湾海底のマグマがここから出ていると言われ、不気味な音を立て続ける様は見ていて恐ろしくなる。
近辺で売られる温泉卵が有名で、硫黄の香り漂う卵に塩をつけて食べる、地獄ならではの美味しい体験。

雲仙温泉街から国道57号線を500mほど南下して右折し、3分ほどで白雲の池の駐車場に着く。

1haほどの小さな池で、周囲には遊歩道、近隣にはキャンプ場がある。平成新山やロープウェイが彼方に見え、のんびりもみじ狩りができる穴場スポット。

1 紅葉の奥に広がる雲仙の山々／**2** 1羽の人懐っこいカモが場所を移動する度に着いてきて、癒しのひとときを過ごすことができた

所在地 ● 雲仙市小浜町雲仙
　　　　　［駐車場あり］
問合先 ● 雲仙市役所
　　　　☎0957-38-3111
　　　　雲仙観光協会
　　　　☎0957-73-3434
紅葉の時期 ● 11月上旬－中旬
＊地図は64頁

No.38 鷹島肥前大橋とモンゴル村

たかしまひぜんおおはしともんごるむら

日比水道を渡ってモンゴルへ

佐賀県唐津市肥前町と鷹島を結ぶのが鷹島肥前大橋。今から700年以上前、九州北部は元寇（蒙古襲来）で侵略の危機にさらされた。中でも鷹島は生存者わずか2名という惨状だった。島には勇敢に戦った兵士の墓や記念碑が建立され、周りの海底から出土した船、武器、人骨など多くの遺物が鷹島埋蔵文化財センターに展示されている。

今では鷹島町とモンゴル・カラコルム地方のボジルト市は姉妹都市の関係にあり、鷹島町にモンゴル村が設立された。遊牧民の伝統的な移動式住居ゲルの宿泊施設があり、モンゴルの貴重な品々が展示されている。

※2018年5月現在、モンゴル村は休村中

1 ゲル内部は意外に広くて明るい／2 展示されているモンゴルの衣装／3 モンゴル村の宿泊用ゲル。見学用ゲルもある／4 平成21年開通の真新しい鷹島肥前大橋

- 所在地 ● 松浦市鷹島町阿翁免（あおうめん）1646-1 ［駐車場あり］
- 問合先 ● モンゴル村 ☎0955-48-2331
- 入場料 ● 中学生以上200円／小学生100円（宿泊, 団体割引など別途料金あり）
- 営業時間 ● 9:00－17:00　＊地図は36頁

名水百選の滝と渓谷連なる避暑地

長崎自動車道諫早ICから国道34号線、国道207号線を走り、高来支所入口交差点から県道136号線を北上する。

日本の名水百選に選定され、大小30もの滝が続く轟峡。キャンプ場が併設され、春から夏にかけては避暑地を目指す人たちが多く、秋の紅葉も鮮やか。奇岩が続く渓谷の沢登りや渓流釣りなど自然を満喫できる。ここから山間部にかけて続く渓谷は銀鈴渓と呼ばれている。

右上＝轟峡入口近くの轟の滝／下＝銀鈴渓。静かな湖面がまるで合わせ鏡のよう

所在地　諫早市高来町
　　　　［駐車場あり／5－9月は有料］
問合先　諫早観光物産コンベンション協会
　　　　☎0957-22-8325

No. 39

轟峡から銀鈴渓へ
(とどろきょうからぎんれいけいへ)

No. 40 稲佐山からの夜景
いなさやまからのやけい

平成24年10月に開催された「夜景サミット2012in長崎」において、香港、モナコとともに「世界新三大夜景」に認定された長崎市。「夜景鑑定士」3500人が厳正な審査の上で認めた夜の絶景だ。

展望台まではロープウェイか車で向かうことができる。坂が多い長崎特有のすり鉢状の都心部に輝く星座や宝石のような絶景を見にいこう。昼間は遙か遠くに、あの軍艦島を眺めることもできる。

ライトアップされた長崎の新ランドマーク

長崎市の慢性的な交通渋滞の緩和を目的に平成17年に完成した斜張橋。長崎港に大型船が入出港するため、非常に高い位置に架けられている。公募で「ヴィーナスウイング（女神大橋）」と名づけられ、長崎の新たなランドマークとなった。立山公園や鍋冠山（なべかんむりやま）からの眺望が良いが、近隣の海沿いからもよく見える。

70

世界三大夜景
夜の宝石を見に行こう

稲佐山展望台所在地 ● 長崎市稲佐町 [駐車場あり]
問合先 ● 長崎市役所 ☎ 095-822-8888
＊地図は75頁

上：宝石箱をひっくり返したような美しさ
下：立山公園近くのバス停「五社神社下」付近で撮影。駐停車に注意しよう

女神大橋所在地 ● 長崎市西泊町－戸町間
問合先 ● 長崎市役所 ☎ 095-822-8888
＊地図は75頁

No.41
女神大橋
（めがみおおはし）

No. 42 長崎ランタンフェスティバル

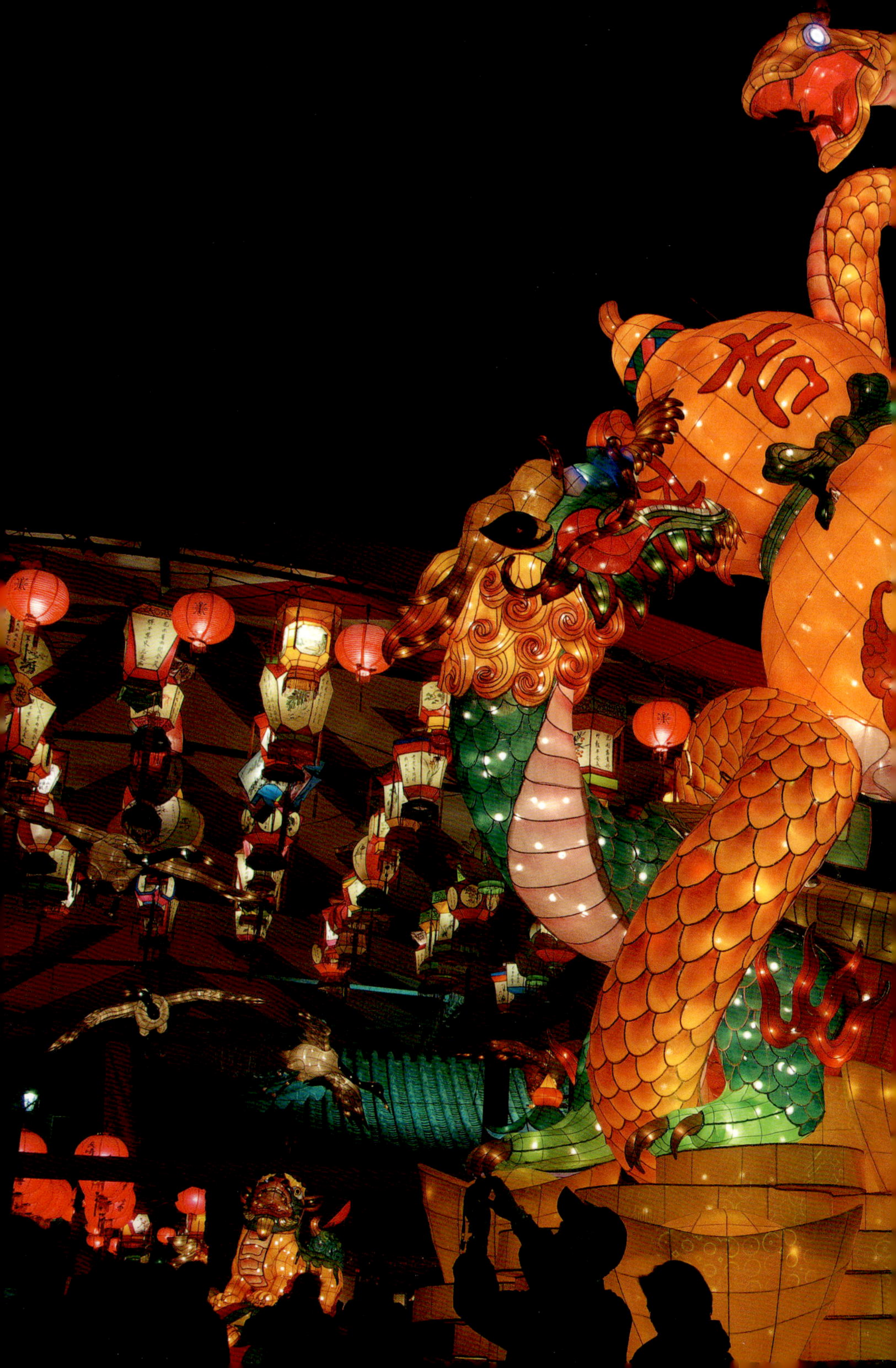

光の桃源郷に酔いしれる異国情緒の旅

日本が鎖国の時代、国内で唯一海外に開かれていた出島や唐人屋敷跡、新地中華街などに対外交流の跡を残す長崎市。もともと新地中華街の人たちが行っていた、中国の旧正月を祝う「春節祭」が、長崎市の協力のもと冬の風物詩として発展した。旧正月を基準にしているため開催日はその年ごとに異なるが、例年1月下旬から2月上旬頃に行われる。

平成25年は20周年記念として、本場中国かと錯覚するほどの盛り上がりを見せた。約1万5000個のランタン（中国灯籠）が、市内各会場

❶中国，台湾の旅行雑誌の表紙に使いたくなるようなⅠショット／❷レストラン入口でのⅠショット／❸湊公園のメイン会場／❹たくさんのランタンが川面に映り込む／❺司会の女性も皇帝スタイル／❻美味しそうな湯気が立ち込める／❼各所で中国雑技，二胡演奏，ヤンコ踊りなどが披露される／❽「福」が逆さなのは福を留めておく，福がやってくるなどの意味がある／❾各屋台で人気の長崎名物「ハトシ」

所在地　長崎市・湊公園，新地中華街他
　　　　[各所に有料駐車場あり]
問合先　長崎市役所☎095-822-8888
　　　　長崎ランタンフェスティバル実行委員会
　　　　☎095-829-1314

で彩りを放つ。期間中は交通規制が行われるので、狭い路地の運転には充分注意してほしい。

No.43 鬼木の棚田
おにきのたなだ

西九州自動車道波佐見有田ICから県道4号線を南下し、棚田祭りの看板を目印に鬼木地区へ進む。小道に入ることも多々あるが、迷ったら地元の人に尋ねると教えてくれる。

9月の稲穂が実る頃に開催される棚田祭りはとてもユニーク。特にリアルなかかしたちが好評で、観光客による人気投票も行われる。田舎汁のサービスや新米などの地元物産、そして日本棚田百選に選定された広大な風景は、カメラなしではもったいない。

上＝広大に広がるパノラマ棚田
❶祭り会場へと続く観光客の波／❷❸ユニークなかかしたち

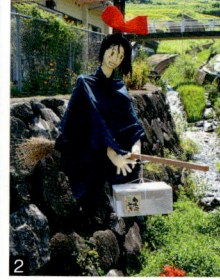

日本棚田百選の
ユニークな棚田祭り

所在地 ● 東彼杵郡波佐見町鬼木郷
　　　　［特設駐車場あり］
問合先 ● 鬼木棚田協議会（波佐見町役場内）
　　　☎0956-85-2111
彼岸花の開花　9月下旬－10月上旬
＊棚田ウォークラリーなどのイベントは有料

No. 44 長串山公園
なぐしやまこうえん

ツツジ越しに望む
北九十九島の絶景

西九州自動車道から佐々佐世保道路を走り、佐々ICから県道18号線の海沿いを行く。至るところに長串山公園ツツジ祭りの看板があるのでわかりやすい。

標高234mの長串山の西側中腹に広がる約10万本のツツジ群落と北九十九島の絶景は「夢の楽園」と呼ぶにふさわしい。この景観は、佐世保市により「九十九島八景」の一つに認定されている。

所在地 ● 佐世保市鹿町町［駐車場あり］
問合先 ● 長串山公園管理事務所 ☎0956-77-4111
ツツジ祭り ● 例年4月上旬から5月初旬
入場料 ● ツツジ祭り期間中のみ有料
　　　　大人500円／中学生以下無料

No.45 生月島
いきつきしま

❶塩俵の断崖／❷開業時は有料だったが，平成22年に無料化された生月大橋

断崖絶壁が続く
西海の絶景島

平戸から県道19号線を通って生月大橋を渡り，生月町に入る。県道42号線を道なりに北上すると塩俵の断崖に到着。

火山の噴火と海水の浸食で，高さ20ｍ，長さ500ｍの巨大な柱状節理が生まれた。県内でも有数の景勝地で，県の天然記念物に指定されている。さらに3kmほど北上すると大バエ灯台。一帯はその昔，捕鯨が盛んに行われ，当時は灯台からクジラを確認できたそうだ。島の西側で見るサンセットの美しさは九州でもトップクラス。

所在地 ● 平戸市生月町［駐車場あり］
問合先 ● 平戸市生月支所産業建設課
☎0950-53-2111

大分
OITA

富貴寺大堂（阿弥陀堂）

No. 46 深耶馬溪
しんやばけい

奇岩と紅葉が織りなす
山水画の世界へ

大分自動車道玖珠ICから国道387号線を北上し、県道28号線へ左折して道なりに深耶馬溪方面へ進む。

耶馬溪は、本耶馬溪、深耶馬溪、裏耶馬溪、奥耶馬溪など広範囲に広がる奇岩の景勝地。特に人気が高い深耶馬溪の「一目八景」は、海望嶺、仙人岩、嘯猿山、夫婦岩、群猿山、烏帽子岩、雄鹿長尾嶺、鳶の巣山を一望できることから名づけられた。週末は広い駐車場もいっぱいで、狭い車道に歩行者が溢れ、徐行する車の渋滞が続く。

所在地 ● 中津市耶馬溪町 [駐車場あり]
問合先 ● 中津市耶馬溪支所総務課
☎0979-54-3111
紅葉の時期 ● 11月中旬前後

No. 47 耶馬溪橋（やばけいばし）

大水害を乗り越えた日本一の八連石造アーチ橋

前ページの深耶馬溪から県道28号線を耶馬溪ダムまで北上し、国道212号線へ右折して道なりに進むと名勝「青の洞門」があり、そのすぐ先の山国川に架かる。

日本唯一の八連石造アーチ橋で、石造アーチ橋としては日本一の長さを誇る。県指定の有形文化財で、日本百名橋の一つでもある。

大洪水が襲った平成24年、山国川沿いは甚大な被害を受けたが、この石橋は無事だった。橋の欄干が一部壊れてはいたが、先人の技術に感動の1日だった。

所在地●中津市本耶馬溪町（曽木－樋田間）［駐車場あり］
問合先●中津市本耶馬溪支所総務課 ☎0979-52-2211

1 近くには同じく県指定有形文化財の羅漢寺橋が架かる／2 橋長116mの耶馬溪橋

No. 48 谷河内の景と宇土谷
たにかわちのけいとうとだに

奇岩が続く谷あいの景勝地

玖珠ICから院内町へ向かう国道387号線沿いにある「七福堂」という物産館から「谷河内の景」と呼ばれる絶景を一望できる。

その800m先を左折して進むと、宿泊施設や温泉、お食事処がある「七福温泉 宇戸の庄」の広い駐車場に着く。周辺は奇岩が続き、人込みが苦手な人にお勧めの穴場的景勝地である。

1 宇戸の庄から見上げた「鬼のすり臼」。滑りそうで落ちない合格奇岩（祈願）とか……／**2**「拝み岩」と呼ばれる奇岩／**3** 七福堂の展望所から眺める「谷河内の景」／**4** 紅葉美しい小滝

所在地 • 七福堂：玖珠郡玖珠町森［駐車場あり］
　　　　☎0973-72-0205
　　　　宇戸の庄：玖珠郡玖珠町森［駐車場あり］
　　　　☎0973-72-0429
問合先 • 玖珠町商工観光係☎0973-72-7153
紅葉の時期 • 11月中旬前後　　＊地図は82頁

85　大分

No.49 岳切渓谷
たっきりけいこく

延々と続く 一枚岩の渓谷散歩

大分自動車道玖珠ICから国道387号線を北上し、田所地区に渓谷への標識があるので左折する。

一枚岩が約2kmにわたって続く渓流で、バンガロースタイルのキャンプ場が整備されている。渓谷の深さは10〜20cmほど、岩も水に削られ滑らかで、小さな子供でも安心して遊ばせることができる。

ただし、行き着く先は「大飛の滝」の落ち口なので、あまり近づかないこと。落差27mを転落——となりかねない。

水の爽やかな音が耳に優しく、特に新緑や紅葉の時期には風情ある渓谷美を楽しめる。

所在地 ●宇佐市院内町定別当
　　　　[駐車場あり]
問合先 ●宇佐市院内支所
　　　　産業建設課
　　　　☎0978-42-5111
＊地図は82頁

圧巻の 巨岩・奇岩・甌穴

大分自動車道日田ICから国道212号線を北上、国道496号線へ左折して道なりに進むと左側に案内表示が見える。

耶馬日田英彦山国定公園の猿飛千壺峡の約500mの区間に奇岩が続き、国の天然記念物に指定されている。この辺りはもともと海底で、噴出した溶岩により甌穴ができて、このような奇怪な姿になったという。また、その昔、一帯には金脈があり、金山が開かれていたらしい。

所在地 ●中津市山国町草本 [駐車場あり]
問合先 ●中津市山国支所総務課
　　　　☎0979-62-3111

No. 50 猿飛甌穴群
さるとびおうけつぐん

No. 51 九重"夢"大吊橋
このえ"ゆめ"おおつりはし

日本一の吊橋から錦秋の渓谷を一望

大分自動車道九重ICから九酔渓（きゅうすい）の狭い道を越えて行くが、紅葉の時期は渋滞することが多い。湯布院ICからやまなみハイウェイ（県道11号線）を南下し、吊橋の反対側の入口に行くこともできる。

高さ173m、長さ390m、幅1.5m、歩行者専用橋としては日本一の高さと長さを誇る。日本の滝百選の「震動の滝」の雄滝、雌滝、子滝を一望することができ、鳴子川渓谷や九酔渓の絶景も堪能できる。

右頁＝橋から見る「震動の滝」の雄滝／❶九酔渓に浮かぶ大吊橋／❷ギシギシ、ユラユラ、迫力満点の橋渡り／❸左から雌滝、子滝（中央上の涸れた滝）、雄滝

所在地●玖珠郡九重町田野［駐車場あり］
問合先●九重町商工観光課
　　　　☎0973-76-3150
　　　　九重"夢"大吊橋管理センター
　　　　☎0973-73-3800
通行料（往復）●中学生以上500円／小学生200円
紅葉の時期●11月上旬－中旬

No.52
タデ原湿原
たでわらしつげん

上＝黄金色に輝く晩秋の湿原とくじゅう連山

所在地 ● 玖珠郡九重町　［駐車場あり］　＊地図は89頁
問合先 ● 長者原ビジターセンター☎0973-79-2154
　　　　九重町商工観光課☎0973-76-3150

世界も認めた貴重な大湿原

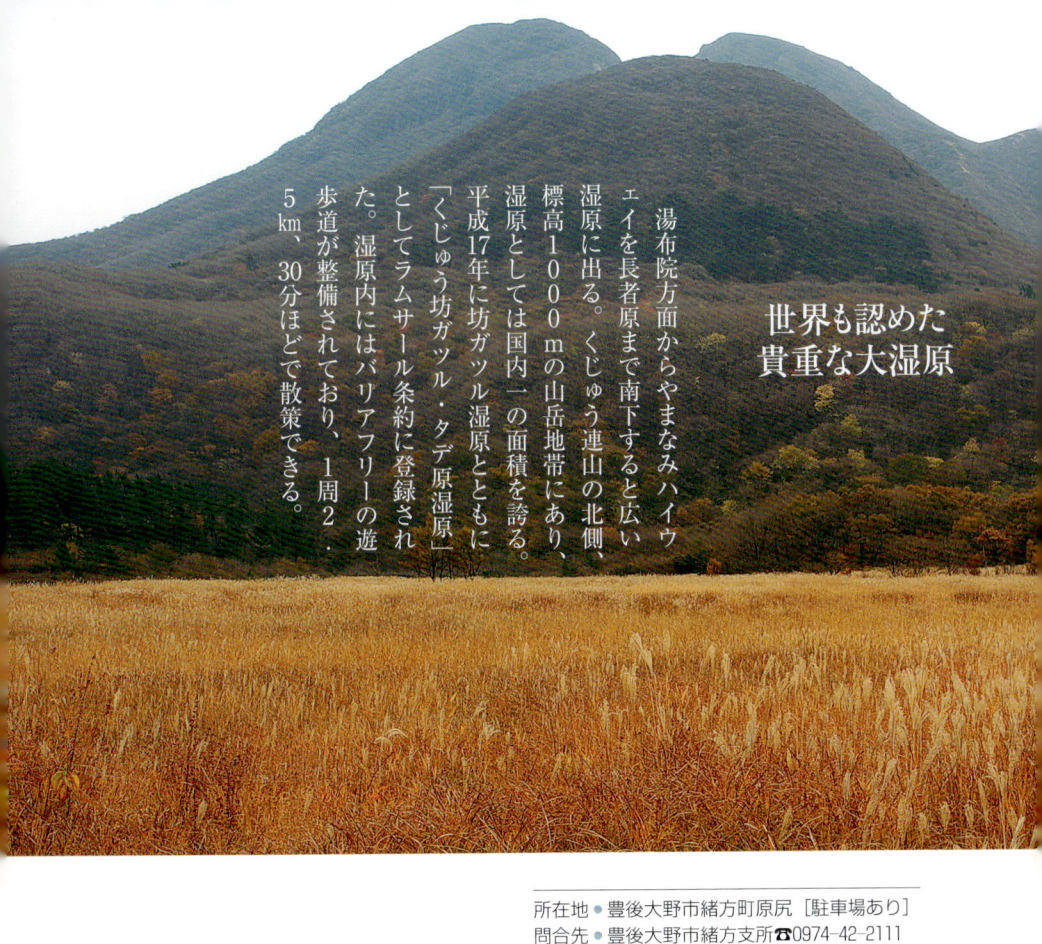

湯布院方面からやまなみハイウェイを長者原まで南下すると広い湿原に出る。くじゅう連山の北側、標高1000mの山岳地帯にあり、湿原としては国内一の面積を誇る。平成17年に坊ガツル湿原とともに「くじゅう坊ガツル・タデ原湿原」としてラムサール条約に登録された。湿原内にはバリアフリーの遊歩道が整備されており、1周2・5km、30分ほどで散策できる。

所在地 ● 豊後大野市緒方町原尻 [駐車場あり]
問合先 ● 豊後大野市緒方支所 ☎0974-42-2111
＊地図は93頁

No.53 原尻の滝（はらじりのたき）

幅120m、東洋のナイアガラ

高さ20m、幅120mにわたって広がる滝で、日本の滝百選の一つ。東洋のナイアガラと称される滝が多い中で、本家カナダ版によく似ている。すぐ横に道の駅「原尻の滝」があり、毎年4月に緒方町チューリップフェスタが開催される。

No.54 岡城跡(おかじょうあと)

瀧廉太郎の名曲が流れる桜の名所

岡城跡は昭和11年に国史跡に指定された。総面積100万㎡、東京ドーム22個分にも及ぶ難攻不落の名城跡である。

文治元(1185)年、源義経を迎えるため、武将・緒方三郎惟栄(これよし)が築城したのが始まりと伝えられる。文禄3年(1594)年、播磨国より中川秀成(ひでしげ)が入部し、近世城郭としての体裁を整えた。明治4(1871)年、14代続いた中川氏が廃藩置県で東京へ移住し、その後の大分県による入札・払い下げで建物はすべて取り壊された。

少年時代を竹田の岡城跡で過ごした瀧廉太郎が、荒れ果てた岡城跡で遊び、明治34年に名曲「荒城の月」を発表したことは有名。町全体から「荒城の月」が聞こえ、国道502号線を走ると、タイヤの音が「荒城の月」のメロディに聞こえる仕掛けには驚いた。

❶上り坂の入口。ここは定番の記念撮影コーナーになっている／❷最上部に佇む瀧廉太郎像。後方にくじゅう連山が見渡せる／❸城の面影を残す石積み

所在地 ● 竹田市竹田［駐車場あり］
問合先 ● 竹田市役所 ☎0974-63-1111
桜の時期 ● 3月下旬－4月上旬

No. 55 湯布院散策
(ゆふいんさんさく)

満開の桜と菜の花，そして水面に映り込む由布岳

1 川沿いに立つレンガ造りのレトロな店／**2** 色々な春を見つけに行こう！／**3** 蛇越（じゃこし）峠の展望台から，由布岳を背景に朝霧の湯布院町を望む。やまなみハイウェイ（県道11号線）を湯布院から阿蘇に向け30分ほど走ったところにある絶景スポット。駐車場あり／左頁＝秋の金鱗湖湖畔。天祖神社の鳥居と色づいたもみじに夕陽が射し込む

由布岳映える川面と桜並木

毎年、国内旅行の人気ベスト3に登場する湯布院。かつてはひなびた温泉街で知名度も低かった。昭和40年代に地元の有志の声掛けで映画祭や音楽祭を開催、歓楽街を排除して女性が観光しやすい町づくりに努めてきた。バブル期にも一切の妥協を許さず、大型施設の導入を拒み続けたという。

毎回、訪れる度に新しい発見があり、のどかでもどこか都会的なセンスのある町。こんなところが女性のリピーターが多い理由かもしれない。

所在地 ● 由布市湯布院町川上 ［各所に駐車場あり］
問合先 ● 由布院観光総合事務所 ☎0977-85-4464
桜の時期 ● 3月下旬－4月上旬

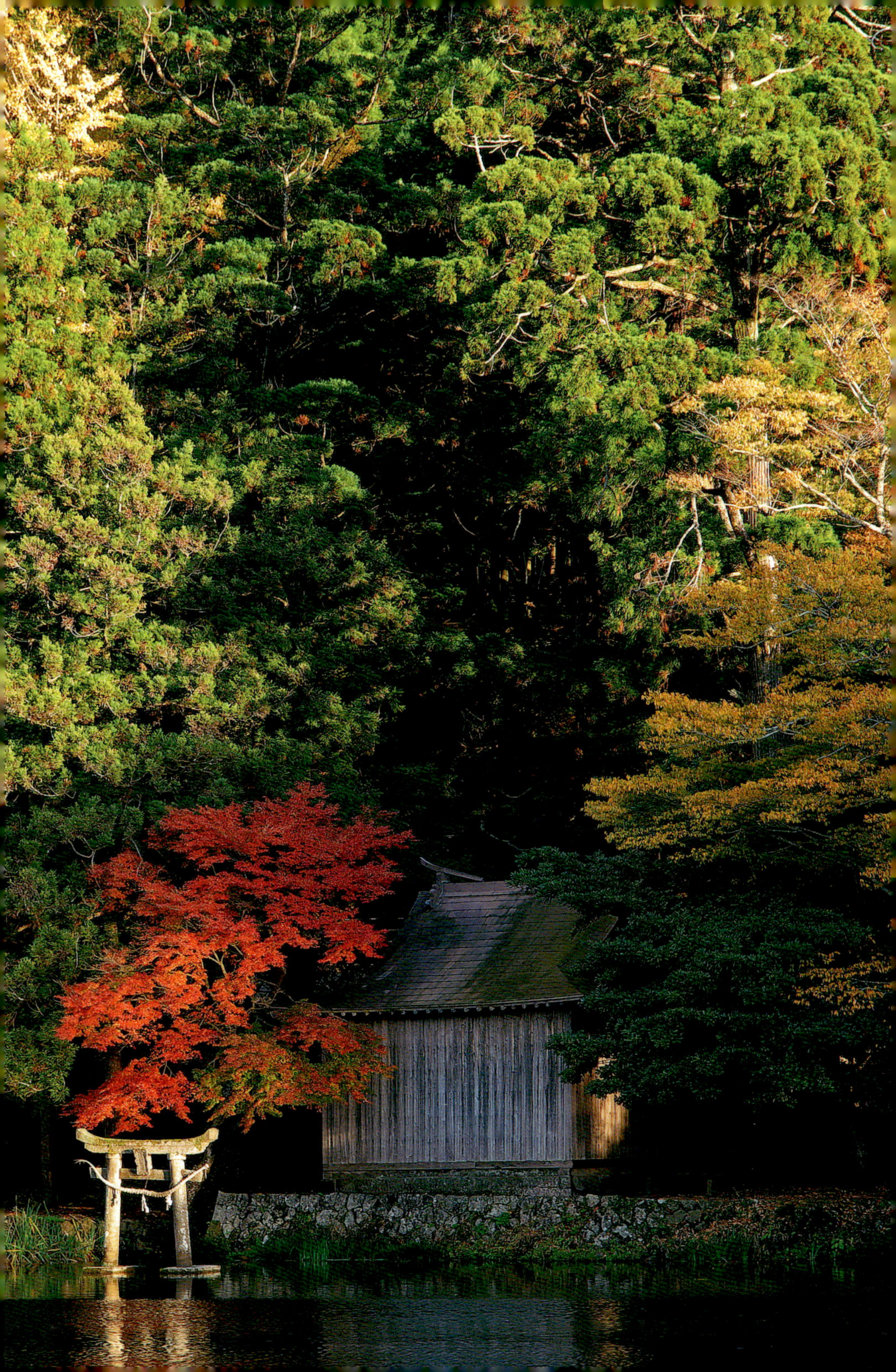

No.56 大神ファーム
おおがふぁーむ

日出バイパス日出ICから国道10号線を下り、県道643号線を経由して海沿いに広がる大神ファームへ。体験型ハーブ園とうたっている通り、ハーブの育て方などのガーデニングを体験できる農園で、春と秋には様々なバラが咲き、苗の購入もできる。レストランでは園内で栽培されたハーブを使った美味しいランチメニューも数々用意され、園芸ファンのみならず誰もが癒しの空間を楽しめる。

上＝春。菜の花の向こうに見えるゲストハウス／左下＝秋はサルビアに囲まれる

所在地	速見郡日出町大神6025-1 [駐車場あり]
問合先	大神ファーム☎0977-73-0012
開園時間	9：00－17：00 火曜休園（4－6月は無休）
入場料	大人500円／小中学生300円（時期により特別料金あり。HPで確認できる）

98

9月下旬，様々な品種のバラが咲き誇っていた

四季の花と
ハーブのランチで過ごす休日

No. 57 富貴寺（ふきじ）

日出バイパス日出ICから国道10号線を北上し、県道31号線へ右折、県道34号線を経て県道655号線を富貴寺に向かう。

国東半島では古くから仏教が栄え、この地域の寺院を総称して「六郷満山（ろくごうまんざん）」と呼ぶ。富貴寺もその一つで、寺伝によれば養老2（718）年、仁聞（にんもん）により創建されたという。境内には多数の文化財があり、中でも阿弥陀堂（富貴寺大堂）は現存する九州最古の木造建築物で国宝に指定されている。

訪れたのは11月の3連休、多くの観光客と、境内で初めてという女子短大生・高校生のファッションショーの準備で大賑わい。「銀杏の絨毯が広がる静かな古寺」というイメージはもろくも吹っ飛んだが、これもまた楽し……という1日だった。

100

燃える紅葉と
九州最古の木造建築

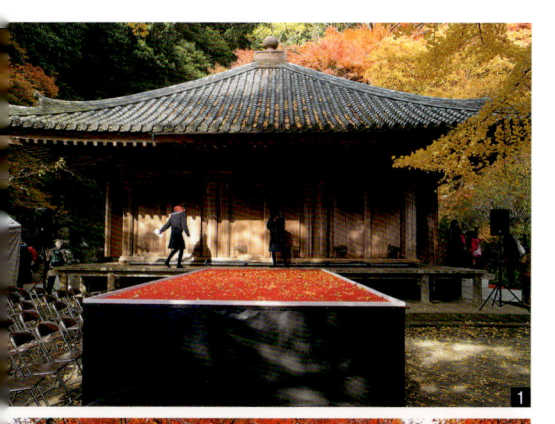

❶国宝・富貴寺大堂を舞台にしたファッションショーの準備中／❷仁王門と燃える紅葉

所在地 ● 豊後高田市田染蕗(たしぶ)［駐車場あり］
問合先 ● 豊後高田市商工観光課 ☎0978-22-3100
阿弥陀堂拝観料 ● 200円　8：30－16：30
紅葉の時期 ● 11月中旬－下旬

No. 58 長安寺
ちょうあんじ

1 長安寺の入口付近。見事な銀杏の木が目に飛び込んできた／**2** 境内に佇む小さな石仏／**3** 紅葉を着飾った仁王像／**4** 境内には静寂な空気が流れる

所在地 ● 豊後高田市加礼川（かれかわ）
　　　　［駐車場あり］
問合先 ● 豊後高田市商工観光課
　　　　☎0978-22-3100
収蔵庫拝観料 ● 200円
　　　　　　　8：00－日没まで
紅葉の時期 ● 11月中旬－下旬
＊地図は101頁

もみじに彩られた天台宗の古刹を歩く

前頁の富貴寺から県道655線をさらに北上、県道29号線へ左折して2kmほどで長安寺方面へ右折する。

平安時代より六郷満山の寺院として栄え、鎌倉時代には将軍家の祈願寺として隆盛を誇った。境内の収蔵庫には国指定重要文化財の像などが保存され、四季折々の花々や紅葉が境内を彩る。山の中腹の静かな場所に観光バスやマイカーで訪れた観光客たちが、鮮やかな紅葉にため息をもらしていた。

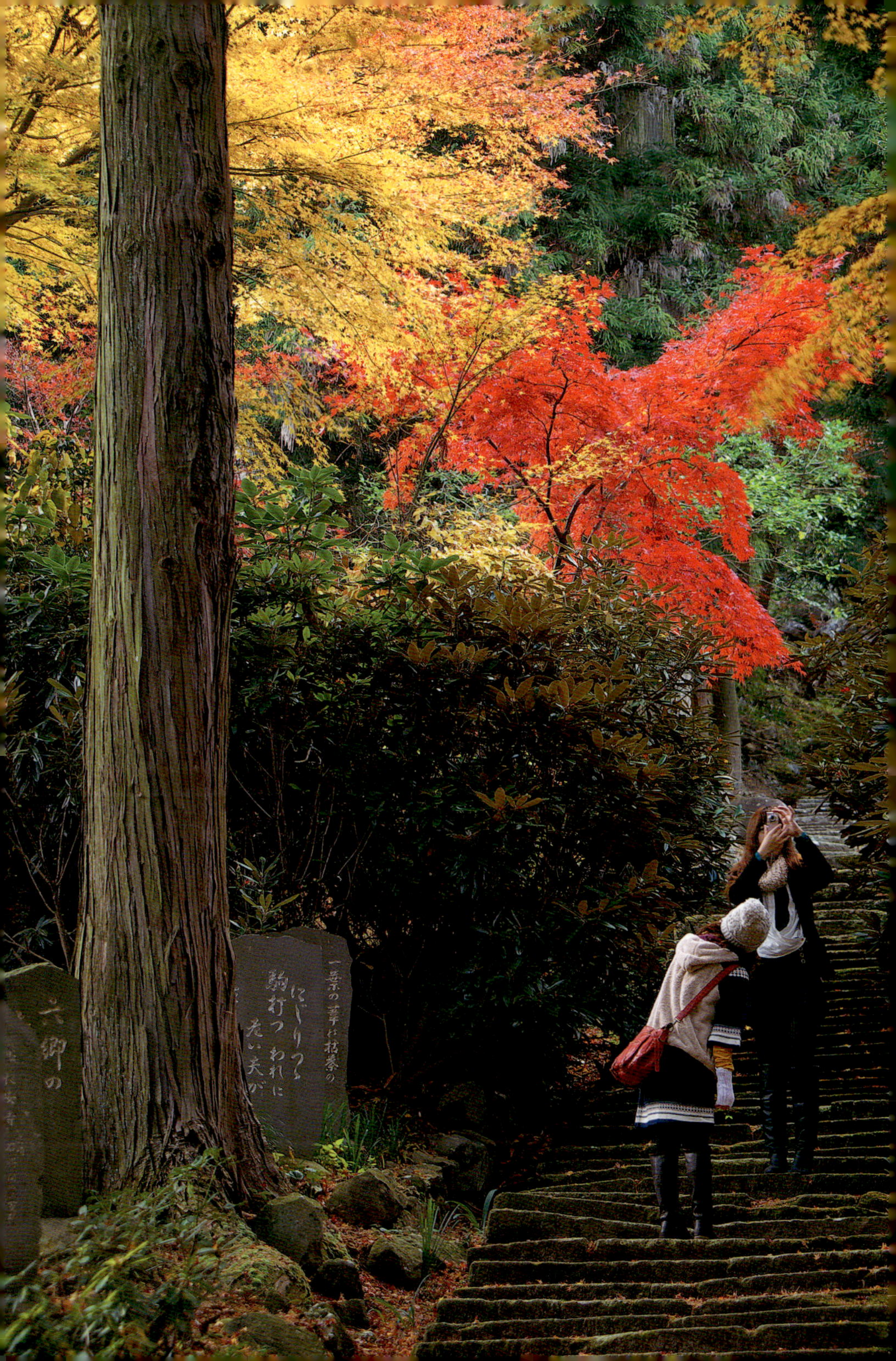
にじりつゝ
駒打つわれに
老い夫が

No.59 熊野磨崖仏
くまのまがいぶつ

1 高さ8mの不動明王像。弁髪を垂らして牙を嚙む、どこか優しい表情の不動様である／2 鬼が一夜で積み上げたと伝わる石段／3 螺髪がある6.8mの大日如来像。不動明王像より後に彫られたものと推定されている

鬼が積んだ石段を登って日本最大級の石仏詣り

日出バイパス日出ICから国道10号線を北上して県道655号線へ右折、標識に従って行くと広い駐車場に着く。平安後期に彫られた日本最大級の石仏で、国の重要文化財及び史跡に指定されている。六郷満山の拠点・胎蔵寺横の石段を約300m登り、さらに鬼が一夜で積み上げたという伝説の石段を上った左側広場に見える。石段を最後まで上り切れば熊野神社がある。

所在地 ● 豊後高田市田染平野 [駐車場あり]
問合先 ● 豊後高田市商工観光課 ☎0978-22-3100
　　　　熊野磨崖仏案内所 ☎0978-26-2070
拝観料 ● 200円　8：00－17：00
＊地図は101頁

No.60

天念寺と川中不動
まんねんじとかわなかふどう

水害防除の願いをこめた川中の不動尊

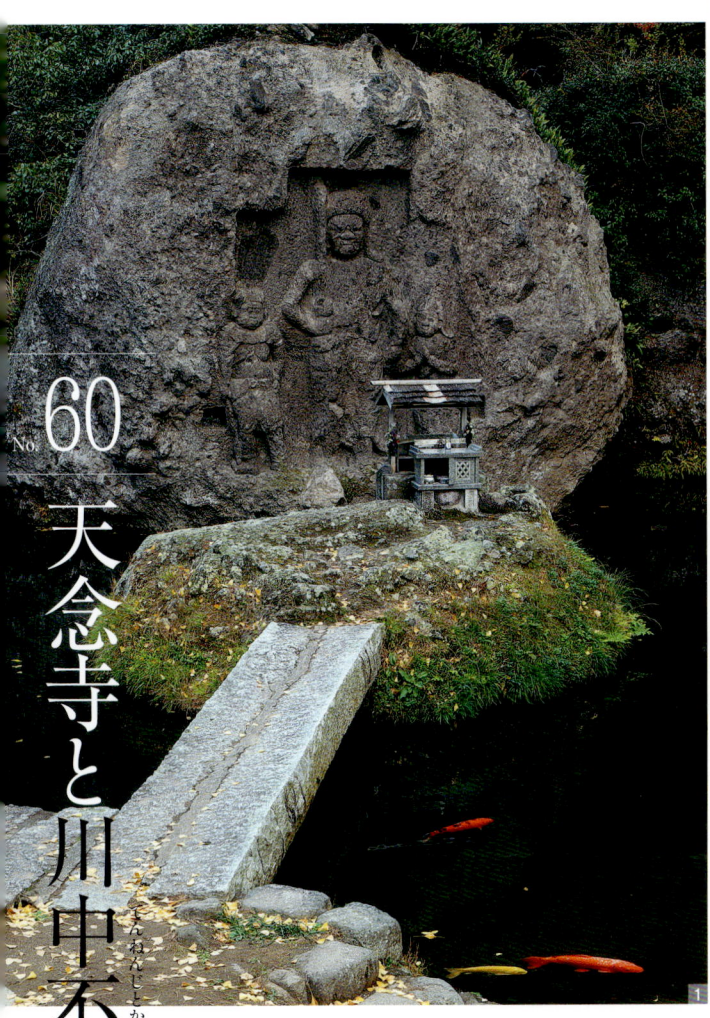

1 長岩屋川の中州に祀られた川中不動／2 茅葺きの天念寺講堂／3 境内各所に石仏が佇む

所在地 ●豊後高田市長岩屋
　　　　［駐車場あり］
問合先 ●豊後高田市商工観光課
　　　☎0978-22-3100
資料館入館料 ●200円
　　　　　　9：00-16：00
＊地図は101頁

県道29号線から県道548号線に入って東へ走ると、左側に天念寺が見えてくる。

ここも六郷満山の寺院で、養老2（718）年に仁聞が開基したと伝わる古刹。元寇の際には六郷満山の僧侶たちを集めての必勝祈願が行われたという。寺前の長岩屋川の岩には川中不動三尊が彫られ、川の氾濫を抑える願いが込められた。

毎年旧暦1月7日には、国指定重要無形民俗文化財の火祭り「修正鬼会（しょうじょうおにえ）」が行われる。

105　大分

❶ 地蔵十王像。中尊に地蔵菩薩を据え、罪を裁き救済する十王像を左右に配す／❷ 如来三尊像。膝前が長いのが特徴という／❸ 一際人気を集めていた山王山石仏／左頁＝古園石仏の大日如来像

質・量とも他を圧倒する上質の石仏群

No.61 臼杵の石仏（うすきのせきぶつ）

東九州自動車道臼杵ICから国道502号線を西へ2kmほど行くと広い専用駐車場がある。

臼杵石仏は平安時代後期から鎌倉時代にかけ岩壁に刻み込まれた約60体の石仏群で、磨崖仏としては初めて国宝に指定された。その中心的存在が古園（ふるぞの）石仏の大日如来像で、気品に満ちた優しい表情は見る者の心を安らかにしてくれる。

臼杵石仏公園を見下ろせば太古の風景が広がり、向かいにある満月寺には石仏群を造らせたという真名（まな）長者（ちょうじゃ）夫婦像が祀られている。

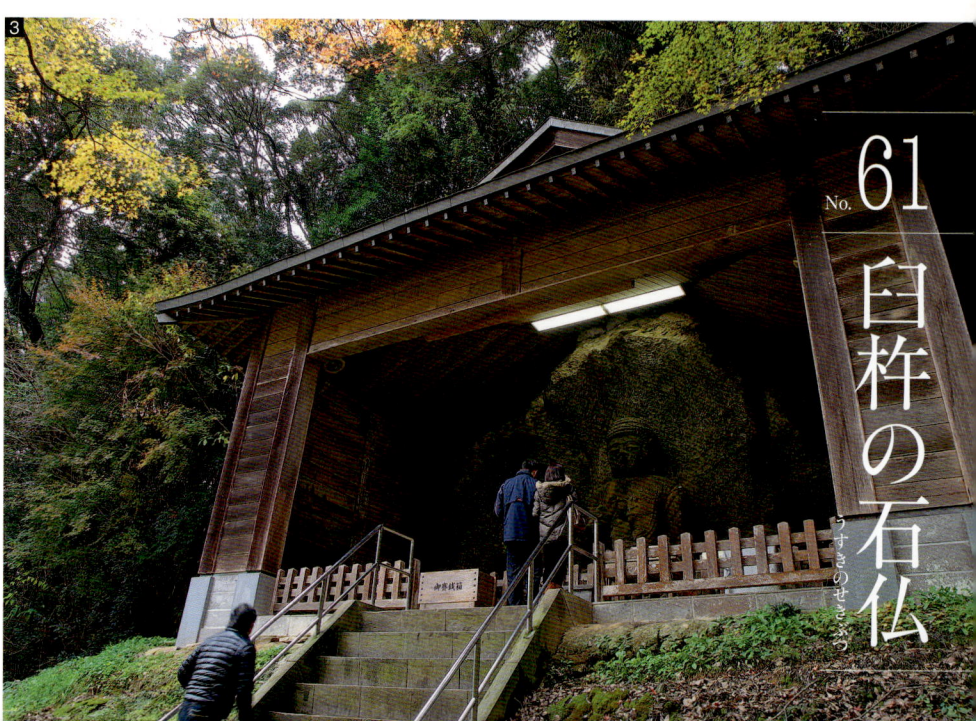

所在地●臼杵市深田［駐車場あり］
問合先●臼杵市産業観光課☎0972-63-1111
　　　　臼杵石仏事務所☎0972-65-3300
拝観料●高校生以上530円／小中学生260円
受付時間●6：00−19：00（4−9月）
　　　　　6：00−18：00（10−3月）

No.62 白馬渓

神楽舞う
もみじ祭り

臼杵ICから国道502号線に出て、臼杵川の橋を越えて川沿いを走る。毎年11月23日（勤労感謝の日）のもみじ祭りでは、大きな駐車場が何カ所か準備され、警備員の方が案内してくれる。
天保3（1832）年に臼杵藩の庭園石工が渓谷の美しさに感激して橋を架け、もみじや南天などの木々を植えたことが景勝地の始まりという。もみじ祭りでは神楽や豊後さくら太鼓の披露、豚汁や甘酒の無料サービスなどのイベントが催される。

所在地 ●臼杵市馬代（ばだい）［駐車場あり］
問合先 ●臼杵市産業観光課☎0972-63-1111
紅葉の時期 ●11月中旬－下旬　＊地図は106頁

❶渓谷を上る途中の舞台で神楽が披露されていた／❷特産品の大きな鬼柚子

熊本 KUMAMOTO

仙酔峡からくじゅうの山々を望む

No.63 熊本城
くまもとじょう

黒壁の天守と
きらびやかな昭君之間

加藤清正によって築城された難攻不落の名城・熊本城。黒を基調とした風格のある天守閣、上に行くほど急勾配になる「武者返し」の石垣など見所が多い。平成20年に再建された本丸御殿。中でも必見は、壁一面に中国・前漢時代の悲劇の美女・王昭君の物語が描かれた「昭君之間（しょうくんのま）」。その名称は、有事が起きた際に秀吉の遺児・将軍秀頼を匿（かくま）うための部屋、つまり「将軍の間」の隠語とする説がある。

※2018年5月現在、立入制限あり

所在地 ● 熊本市中央区本丸1-1　[駐車場あり／有料]
問合先 ● 熊本城総合事務所 ☎096-352-5800
入園料 ● 大人500円／小中学生200円（各種割引あり）
開園時間　8：30−18：00（3−11月）
　　　　　8：30−17：00（12−2月）※受付は閉園30分前まで

上＝城を覆うような大銀杏／❶女性客に人気の「熊本城おもてなし武将隊」／❷「武者返し」と呼ばれる石垣。造られた時期により反り方が異なるという／左頁＝本丸御殿の昭君之間

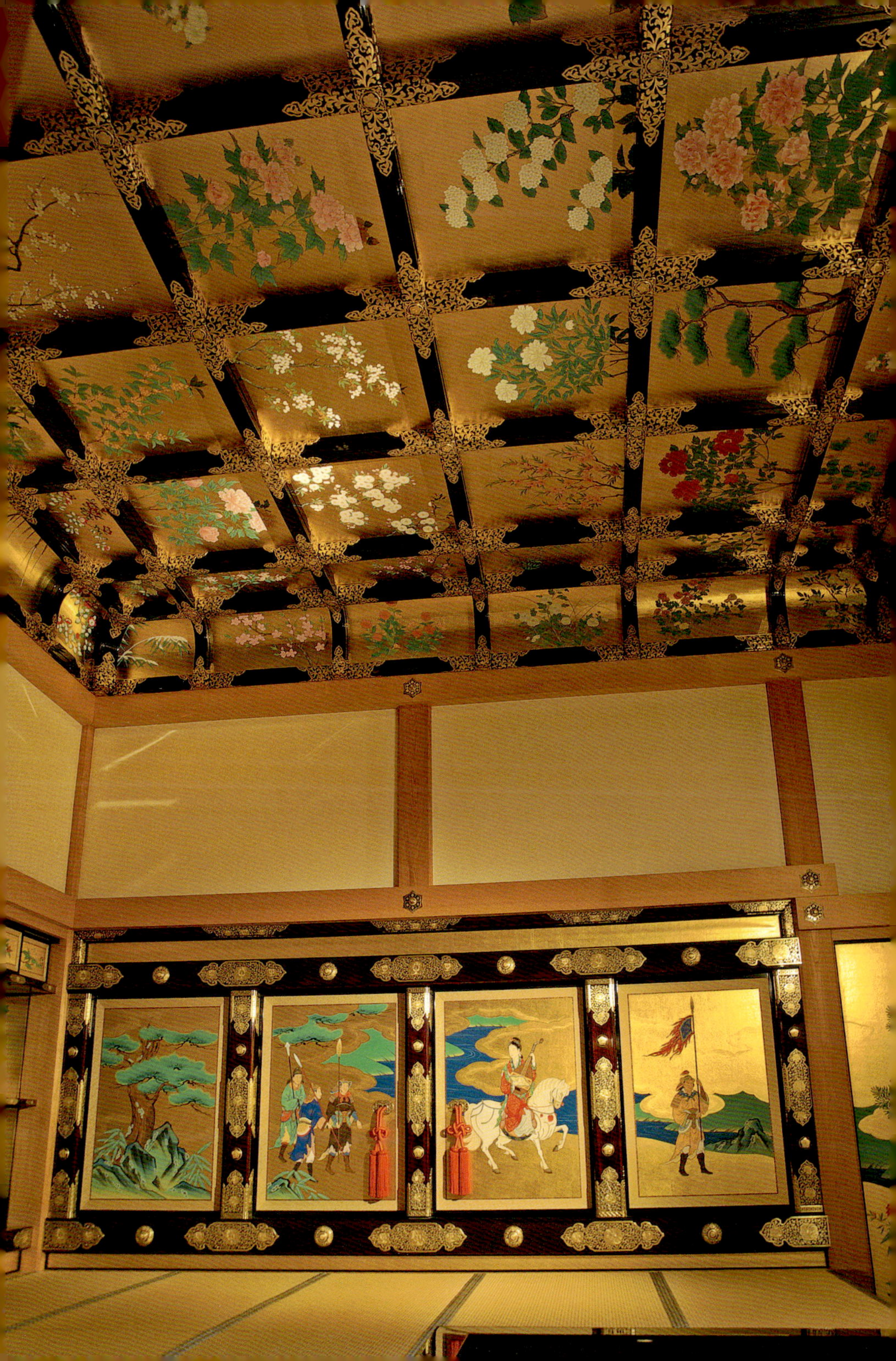

No.64 清流の森
せいりゅうのもり

筑後川の源流を辿る小さな旅

大分自動車道九重ICから国道387号線を南下し、国道442号線へ左折して黒川温泉方面へ。阿蘇くじゅう国立公園内にある約80haの自然公園で、自然観察や森林浴が楽しめる。駐車場から遊歩道を15分ほど歩き、斜面を下っていくと「筑後川源流」と書かれた看板がある。静かに湧き出す水源が九州を代表する大河・筑後川につながることを思うと感慨も一入だ。

所在地 ● 阿蘇郡南小国町満願寺
字火焼輪智(ひたきわち)
[駐車場あり]
問合先 ● 南小国町役場 ☎0967-42-1111

晩秋の静かな渓谷をゆく

所在地 ● 阿蘇郡南小国町中原
　　　　［駐車場あり］
問合先 ● 南小国町役場
　　☎0967-42-1111

＊地図は右頁

下＝秋の斜光線が渓流に影を落としていた

小国町の道の駅から国道212号線を南小国町へ南下し、「マゼノ共和国甲の瀬ファミリーキャンプ村」へ続く道に右折する。

阿蘇外輪山に位置するこの渓谷は、広葉樹と清流が織りなす景観が美しく、知る人ぞ知る景勝地である。バードウォッチングや渓流釣りに訪れる人が多く、近くにあるキャンプ村は設備も充実している。

No. 65 マゼノ渓谷

No. 66 遊水峡とカッパ滝
（ゆうすいきょうとかっぱだき）

滝へと続く一枚岩の渓谷

小国町の道の駅から国道212号線を北上すると、下城滝（しもじょうだき）の駐車場を越えた付近に遊水峡への右折案内板がある。ここから林道を10分程度上っていく。

夏はキャンプや水遊びに訪れる家族連れやグループが多く賑やかだが、秋深まる静かな渓谷は、心地良い水音を味わうことができる。水深が浅い一枚岩の渓谷の歩道を1kmほど散歩して行き着くカッパ滝は、とても上品な美しさだった。

❶夕陽が沈みかける中、静かに落ちるカッパ滝／❷中間地点にある出会い滝。秋の衣装をまとって輝いていた／❸各県名が彫られたユニークなステップ台

所在地●阿蘇郡小国町西里
　　　　［駐車場あり］
問合先●小国町情報課観光係
　　　　☎0967-46-2111
　　　　遊水峡☎0967-46-4562
入場料●200円　＊地図は112頁

滝の表と裏、ふたつの絶景を堪能

小国町の道の駅から国道３８７号線を１kmほどで坂本善三美術館方向へ右折、鍋ケ滝の看板に従って道なりに進む。

滝裏に大きな洞があり、滝を裏から眺めることができる。マスコミで度々取り上げられて有名になり、立派な階段も造られた。晩秋に訪れたため水量は少なめだったが、繊細な白いカーテンが美しかった。

所在地●阿蘇郡小国町黒淵［駐車場あり］
問合先●小国町情報課観光係
☎0967-46-2111
＊地図は112頁

右＝黄色く色づいた晩秋の鍋ケ滝／下＝滝裏の洞からの光景

No. 67 鍋ケ滝（なべがたき）

No. 68 矢谷渓谷
やたにけいこく

滝すべりで人気の緑豊かな渓谷

九州自動車道菊水ICから県道16号線、国道325号線を経由して県道9号線で矢谷渓谷へ。菊池川の支流・上内田川沿いの渓谷で、ロッジやバンガローを備えたキャンプ場がある。特に人気なのが天然の滝すべりで、近づくとチャレンジャーたちの歓声が聞こえてくる。訪れた時も大学生や社会人グループがキャンプ中で、浅い河原では幼児から若者までが静かな山間の自然を楽しんでいた。

所在地 ● 山鹿市菊鹿町上内田
　　　　［駐車場あり］
問合先 ● 菊鹿総合支所 ☎0968-48-3111
　　　　矢谷渓谷キャンプ場 ☎0968-48-9156
　　　　（シーズン中のみ）
入場料 ● 中学生以上200円／小学生100円

上＝高さ約20m、長さ約75mの通潤橋／❶大造り物は八朔祭後も飾られている／❷道路沿いに落ちる落差20mの竜宮滝

No.69 通潤橋と八朔祭
つうじゅんきょうとはっさくまつり

豪快な放水と
日本最大規模の八朔祭

九州自動車道御船ICから国道445号線で山都町へ。

江戸時代に造られた通潤橋は農業用水を通すための水路橋で、国指定重要文化財。有名な放水は本来、通水管内の泥などを取り除くためのもの。付近で9月の第一土日曜日に行われる八朔祭は、八朔祭としては国内最大規模。竹やススキなどで作られた「大造り物(おおつくりもん)」が町内を巡る。また、周辺には五老ケ滝、聖滝(ひじりだき)、竜宮滝など多くの滝がある。

※2018年5月現在、通潤橋は立入制限あり。放水も休止中

所在地 ● 上益城郡山都町下市184-1（道の駅通潤橋）［駐車場あり］
問合先 ● 山都町観光案内所 ☎0967-72-1054

117 熊本

赤く色づく
九州のグランドキャニオン

No. 70 蘇陽峡(そようぎょう)

九州自動車道御船ICから国道445号線、国道218号線を高千穂方面へ。馬見原交差点の先を蘇陽峡の案内に従い左折し、長崎鼻展望台駐車場へ向かう。

阿蘇南外輪山に位置し、五ヶ瀬川の長年の浸食で形成された深さ150−200mの峡谷が10km以上にわたって続く「九州のグランドキャニオン」。11月にはもみじ祭りも開催され、パノラマの錦秋風景を展望台から見ることができる。

所在地●上益城郡山都町長崎 ［駐車場あり］
問合先●山都町蘇陽総合支所産業振興課☎0967-83-1111
紅葉の時期●11月上旬－中旬　　＊地図は117頁

No. 71 菊池渓谷
きくちけいこく

九州の奥入瀬、
名水・名瀑百選で森林浴

120

九州自動車道植木ICから国道3号線、県道53号線、国道325号・387号線を通って菊池公園を抜け、菊池渓谷への案内に従って走る。駐車場は数カ所にある。

菊池川上流、阿蘇外輪山のモミやケヤキの原生林に覆われた渓谷は九州を代表する避暑地で、「九州の奥入瀬(おくいらせ)」と呼ばれる。森林浴の森百選や水源の森百選、名水百選に選定され、滝も多く、「四十三万(しんじゅう さんまん)の滝」は日本の滝百選に選ばれた名瀑である。

1 広い滝壺をもつ黎明（れいめい）の滝／2 四十三万の滝。なだらかな末広がりの滝／3 菊池渓谷から大観峰へ向かう途中に見えた山桜

所在地 ● 菊池市原［駐車場あり／有料］　　*地図は126頁
問合先 ● 菊池渓谷を美しくする保護管理協議会
　　　　（菊池市商工観光課内）☎0968-25-7223
営業時間 ● 8：30〜17：00（4〜11月）　清掃美化協力金100円

121　熊本

No. 72
阿蘇大観峰
あそだいかんぼう

前頁の菊池渓谷前の県道45号線から県道12号線（菊池阿蘇スカイライン）を東へ上る。日田ICからは国道212号線を小国町経由で南下する。

阿蘇外輪山の最高峰で標高は935・9m。阿蘇五岳やくじゅう連山を一望することができる。涅槃像にたとえられる阿蘇五岳を遠景に、カルデラ一帯が雲海に覆われる時期には多くのカメラマンが訪れる。

世界最大級のカルデラが
夕日に染まる絶景

所在地●阿蘇市山田［駐車場あり］
問合先●阿蘇市商工観光課☎0967-22-3174
＊地図は126頁

1 阿蘇五岳とカルデラの絶景／**2** 陽が沈み、今日もまた終わる。感動の瞬間を見届けるまで皆帰らなかった／下＝夕日に輝く大観峰の丘はオーストラリアの世界遺産・エアーズロックを想起させる佇まい

No. 73 仙酔峡
せんすいきょう

前頁の大観峰から国道212号線を南下して国道57号線へ左折、2kmほど先で右折して上っていく。仙人が酔うほど美しい峡谷というのが名の由来で、阿蘇谷と北外輪山を一望できる。阿蘇高岳の北麓、標高900mに位置し、高岳・中岳の登山拠点でもある。春はミヤマキリシマが辺り一面を埋め尽くし、多くの観光客が訪れる。広い駐車場もすぐ満車になってしまうので、出かける際はお早めに。

仙人が酔うほど美しい
ミヤマキリシマ満開の山腹

所在地 ● 阿蘇市一の宮町宮地［駐車場あり］
問合先 ● 阿蘇市商工観光課 ☎0967-22-3174
ミヤマキリシマの開花 ● 5月中旬－下旬
＊地図は126頁

No.74 阿蘇中岳
あそなかだけ

エメラルドグリーンに輝く
神秘のカルデラ湖

県道111号線（阿蘇パノラマライン）を上って阿蘇山ロープウェーへ。有料の阿蘇山公園道路で山上まで行くこともできる。

標高1506mの中岳にはエメラルドグリーンに輝く火口湖があるが、周辺はガス（二酸化硫黄）が流れており、濃度や風向きによっては見学できないこともある。山頂付近には地獄のような風景が広がり、至るところに突然の噴火に備えて避難小屋が設けられ、活火山であることを再認識させられる。

下＝阿蘇ファームランドのドーム型宿泊施設

所在地●阿蘇市黒川[駐車場あり／有料]
問合先●阿蘇市商工観光課☎0967-22-3174
阿蘇山公園道路●普通車600円
ロープウェー料金(往復)●中学生以上1000円／子供500円
営業時間●8：30-18：00(3月20日-10月31日／秋季・冬季は別途時間設定あり)
年中無休(天候や火山活動の状況により規制あり)

No. 75 一心行の大桜

いっしんぎょうのおおざくら

400年にわたり花をつける孤高の大桜

九州自動車道熊本ICから国道57号・325号線で南阿蘇へ向かい、案内板から右折する。
天正8（1580）年、薩摩の島津氏との戦いに敗れた矢崎城主・中村（峯）伯耆守惟冬が眠る墓地の菩提樹とされる。その家族が御霊を弔うために一本の桜を植え、一心に行を行ったことから名づけられた。
広い南阿蘇の大地に立つ丸く美しい姿が印象的だったが、平成16年の台風で枝の一部が折れてしまった。それでも人気は衰えず、ライトアップも観光客の絶好の被写体となっている。

所在地●阿蘇郡南阿蘇村中松［駐車場あり／有料］　＊地図は126頁
問合先●南阿蘇村役場☎0967-67-1111　桜の開花●4月上旬

No.76 古閑の滝（こがのたき）

落差約100m、氷の芸術品

九州自動車道熊本ICから国道57号線を阿蘇へ向かい、坂梨（さかなし）で国道265号線へ右折、滝の案内板から左折して道なりに。

この滝は厳冬期、阿蘇谷から吹きつける風によって凍結し、見事な氷の柱となる。男滝と女滝があり、男滝は落差約80m、女滝は約100m。

- 所在地 ● 阿蘇市一の宮町坂梨
  [駐車場あり／有料]
- 問合先 ● 阿蘇市商工観光課
  ☎0967-22-3174

＊地図は126頁

凍結した女滝。九州には氷瀑となる滝が数カ所あるが、大駐車場完備で徒歩10分ほどで行けるのはこの古閑の滝ぐらいだろう

二段橋から見渡す錦秋渓谷

九州自動車道松橋ICから国道218号線を高千穂方面へ走り、国道445号線へ右折、山深い道を南下する。梅の木轟公園吊橋を右手に見ながらさらに南へ、五家荘（ごかのしょう）平家の里方面に向かう県道159号線へ左折する。

地元の杉や栗の木を使用した二段吊橋で、上段が高さ35mの「あやとり橋」、下段が高さ17mの「しゃくなげ橋」。もとは生活用の一本橋だったが、観光用の二段橋となった。新緑や紅葉の時期は車が多く、狭い道での離合は要注意。

- 所在地 ● 八代市泉町樅木［駐車場あり］
- 問合先 ● 八代市泉支所 ☎0965-67-2111
- 紅葉の時期 ● 11月上旬－中旬　＊地図は133頁

130

No. 77
樅木の吊橋
もみぎのつりばし

No. 78 平沢津渓谷
ひらさわづけいこく

五木村の
隠れ紅葉スポット

No.79 天狗岩と下梶原渓谷

てんぐいわとしもかじわらけいこく

天狗伝説の岩山と透き通る渓流

道の駅「子守唄の里五木」から国道445号線を5kmほど北上し、県道161号線へ右折する。下梶原川沿いに1kmほどで、大きな穴が開いた岩山が見える。この洞穴は天狗の棲み家とされ、天狗岩と呼ばれる。その先に続く渓谷は渓流釣りファンには穴場的存在で、ヤマメや鮎などの好ポイントとなっている。

所在地	球磨郡五木村下梶原 [駐車スペースあり]
問合先	五木村ふるさと振興課 ☎0966-37-2212
紅葉の時期	11月上旬－中旬

道の駅「子守唄の里五木」から国道445号線を北上し、県道247号線へ左折して2kmほど走ったところにある。平沢津も五木村の隠れた絶景ポイント。五木村の秋は奥が深く、たった1日の滞在ではもったいない。各所、道が狭いので運転中は景色ばかりに見とれないように最大限の注意を。

所在地	球磨郡五木村平沢津 [駐車スペースあり]
問合先	五木村ふるさと振興課 ☎0966-37-2212
紅葉の時期	11月上旬－中旬

川には30cmクラスの魚群が見えていた

No. 80

白滝公園
しらたきこうえん

見る者を圧倒する滝のような白い岩壁

道の駅「子守唄の里五木」から県道25号線を北上すれば、小鶴トンネルのすぐそばにある。松橋ICからは国道3号・443号線経由で、県道25号線を五木村方面へ南下する。

高さ70m、幅200mにわたる石灰岩の渓谷で、春は新緑、夏は渓流遊び、秋は紅葉、冬は壁面に下がる氷柱と、四季の光景を楽しめる。石灰岩の縦縞が滝に見えることが名の由来とされている。園内には小さな鍾乳洞もある。

所在地●球磨郡五木村白岩戸
　　　　［駐車場あり］
問合先●五木村ふるさと振興課
　　　　☎0966-37-2212
紅葉の時期●11月上旬－中旬
＊地図は133頁

❶大岩壁の縦縞。確かに滝のように見えるかも……／❷プチ鍾乳洞体験

134

四季の花咲く公園と天草灘に沈む夕日

所在地 ● 天草郡苓北町富岡
　　　　［駐車場あり］
問合先 ● 苓北町商工観光課
　　　　☎0969-35-1111
＊地図は次頁

No. 81 四季咲岬公園の夕陽
（しきさきみさきこうえんのゆうひ）

雲仙天草国立公園内の富岡半島突端にある公園で、ツバキ、オニユリ、海岸線の歩道沿いには自生のハマユウが咲く。周辺は熱帯系の魚や石サンゴが豊富で、全国初の海中公園に指定された。天草灘に沈む夕陽も美しく、その名の通りロマンチックな公園である。

No.82 崎津天主堂と大江天主堂
さきつてんしゅどうとおおえてんしゅどう

キリシタンの里の二大天主堂

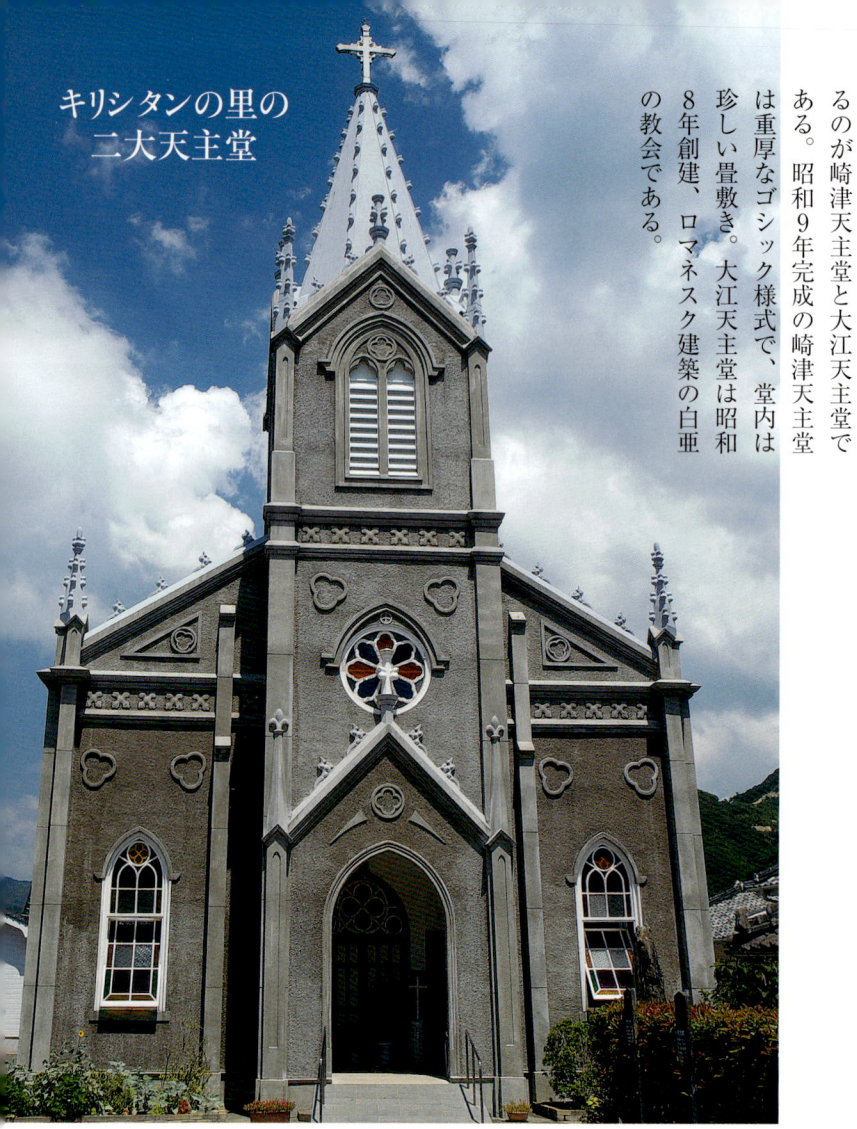

天草の乱の舞台となり、その後も連綿と信仰をつないできた天草。この隠れキリシタンの里を象徴するのが崎津天主堂と大江天主堂である。昭和9年完成の崎津天主堂は重厚なゴシック様式で、堂内では珍しい畳敷き。大江天主堂は昭和8年創建、ロマネスク建築の白亜の教会である。

上は崎津天主堂，下は大江天主堂

所在地 ● 崎津天主堂：天草市河浦町崎津／大江天主堂：天草市天草町大江（いずれも付近に駐車場あり）
問合先 ● 天草宝島観光協会 ☎0969-22-2243

宮崎
MIYAZAKI

鹿川渓谷

No. 83 高千穂峡
たかちほきょう

1 ボートと比較すると渓谷の深さがよくわかる／2 扇岩と呼ばれる末広がりの奇岩／3 高千穂神社の御神木・秩父杉

神舞い降りた峡谷の滝

太古の昔、阿蘇の大爆発で五ケ瀬川に流れ込んだ火砕流が急激に冷やされ、奇岩連なる柱状節理を形成した。高さ80〜100mの断崖が約7kmにわたって続く峡谷で、昭和9年に五箇瀬川峡谷として国の名勝・天然記念物に指定された。日本の滝百選の一つ真名井の滝(右頁)は落差17m、近くまでボートで行くことができ、清涼感満点。また、高千穂神社には杉の巨木が鬱蒼と茂るが、中でも一際大きい秩父杉は樹高55m、樹齢約800年という。

所在地 ● 西臼杵郡高千穂町三田井
[駐車場あり]
問合先 ● 高千穂町企画観光課
☎0982-73-1207

No. 84 鹿川渓谷
ししがわけいこく

巨大な一枚岩の渓谷が紅葉に染まる

九州自動車道御船ICから国道445号線・218号線を延岡方面へ。高千穂町を過ぎて日之影町で旧道に下り、県道214号線を綱の瀬川沿いに北上する。約2kmにわたって続き、紅葉の季節には格別の渓谷美を見せてくれる。一枚岩の上をウォータースライダーのように水が流れ、ここに身を置くと果てしなく滑り続けそうで怖い。絶景は眺めるだけにしておこう。

1 巨大な甌穴に落ちる滝／**2** 鹿川山荘横のウォータースライダー状の一枚岩

所在地 ● 延岡市北方町上鹿川
[駐車場あり]
問合先 ● 北方町総合支所地域振興課
☎0982-47-3600
紅葉の時期 ● 11月中旬
＊地図は139頁

141　宮崎

No. 85

クルスの海と馬ケ背
くるすのうみとうまがせ

願いが叶う海と
日本最大級の柱状節理

日向岬は人気のドライブルートとして長く親しまれてきた。クルスの海は、十文字に割れた岩の外に小さな岩があり、合わせると「叶」の文字に見えることから、ここで祈ると「願いが叶う」という人気のデートスポット。馬ケ背は高さ約70ｍ、日本最大級の柱状節理の断崖。どちらも立派な展望台が設置され、日豊海岸国定公園の絶景ルートになっている。

上＝海水の浸食により生み出された十文字の海。晴れわたった日は遠く尾鈴山まで見えるという／❶展望所に設けられた「願いが叶うクルスの鐘」／❷馬ケ背までの歩道沿いに無数に突き出た柱状岩。直径30cmほどで大砲のような姿にびっくり！／左頁＝馬ケ背の狭い入り江に波が押し寄せる。有名な福井県の東尋坊にも劣らないスケールだ。盛り上がる岩が馬の背に似ていることから「馬ケ背」と名づけられた

所在地　日向市細島［駐車場あり］
問合先　日向市観光振興課
☎0982-52-2111

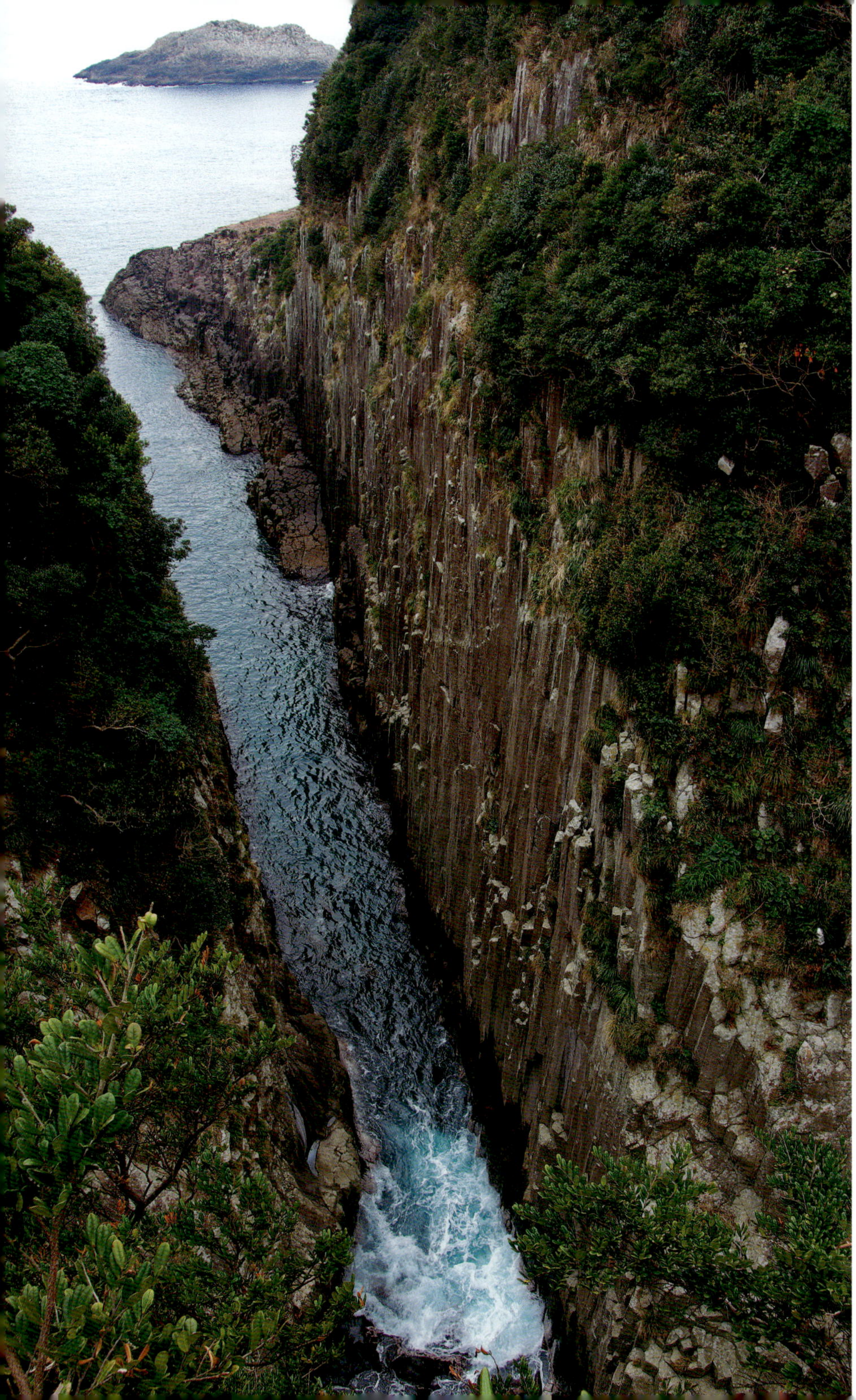

No.86 若山牧水生家
わかやまぼくすいせいか

ひっそりと佇む 旅の歌人の生家

所在地 ● 日向市東郷町坪谷 [駐車場あり]
問合先 ● 日向市観光振興課
☎0982-52-2111
＊地図は左頁

1 玄関先の巨木が家の歴史を物語る／2 牧水がこよなく愛した妻への歌が刻まれた歌碑

歌人・若山牧水は明治18（1885）年にこの家で産声を上げた。旅に出ては歌を作り、その数は未発表分を含むと8700首に上る。明瞭で飾らぬ牧水の歌は、多くの人々に親しまれてきた。

弘化2（1845）年に優秀な医師であった牧水の祖父が建てたこの家は、2階が診療所を兼ねていた。幾度かの修復を経てはいるものの、各所に牧水少年時代の姿を留めている。

九州の山間に異文化を見た

7世紀に朝鮮半島の百済が滅亡し、その王族が日本に亡命して、この神門の地に流れ着いたという伝説が残る。神門神社にはその王族が祀られており、同社に伝わる銅鏡など王族の遺品は隣接する「西の正倉院」に展示されている。

美郷町は百済の古都である扶餘邑と姉妹都市提携を結んでおり、日韓交流のシンボルとして建てられたのが百済の館。扶餘の王宮跡にある客舎をモデルにした色鮮やかな建物の中には、百済時代の国宝のレプリカなどが展示されている。

No. 87 百済の館と神門神社
くだらのやかたとみかどじんじゃ

1 寛文元（1661）年建立という神門神社の本殿は国の重要文化財に指定されている／**2** 神門神社に隣接する百済の館。「ここは韓国？」と錯覚してしまうような，ブルーを基調とした色鮮やかな建物

所在地 ● 東臼杵郡美郷町南郷区神門
　　　　　［駐車場あり］
問合先 ● 美郷町企画情報課
　　　　☎0982-66-3603
百済の館入館料 ● 大人500円／高校400円／
　　　　小中300円（西の正倉院との共通チケット）
開館時間 ● 9：30-16：30（入場は16時まで）

No. 88 鬼神野溶岩渓谷
きじのようがんけいこく

国内最大規模の枕状溶岩渓谷

所在地●東臼杵郡美郷町南郷区鬼神野
　　　　[駐車場あり]
問合先●美郷町企画情報課
　　　　☎0982-66-3603
＊地図は145頁

小丸川上流の渓谷で、赤道付近に噴出した枕状溶岩が約6000万年前のフィリピンプレードの移動でこの地に隆起したという。約500mにわたって奇岩が続く、国内最大規模の溶岩渓谷である。キャンプ場が併設され、渓谷へは階段を伝って簡単に下りていける。

1 橋から見下ろす照葉樹林の渓谷／2 橋に向かう途中の山腹に山桜が咲いていた

世界的にも貴重な照葉樹林帯を一望

No. 89 綾の照葉大吊橋
あやのてるはおおつりばし

宮崎市内から大淀川、本庄川に沿う県道26号線を綾町に向かう。

綾の照葉大吊橋は昭和59年、九州中央山地国定公園内の照葉樹林帯を見下ろす場所に架けられた。現在の橋は老朽化のため平成23年に架け替えられたもので、高さ142m、長さ250m。周辺の照葉樹林帯はユネスコのエコパークに登録されており、貴重な自然遺産を一望できる日本有数の吊橋と言える。

所在地 ● 東諸県郡綾町南俣
　　　　［駐車場あり］
問合先 ● 綾町産業観光課
　　　　☎0985-77-3464
入場料 ● 300円（小学生以上）

No. 90

鵜戸神宮のシャンシャン馬道中
うどじんぐうのしゃんしゃんうまどうちゅう

現代によみがえる華やかな婚礼行事

宮崎市街から国道220号線、日南フェニックスロードの絶景を見ながら鵜戸神宮へ。

宮崎ではかつて、新婚夫婦が鵜戸神宮にお参りする風習があった。花嫁を馬に乗せ、花婿が手綱を取り、七浦七峠と呼ばれるほど険しい道を行く旅。現在は毎年3月下旬、応募者の中から選ばれた新婚のカップルにより当時の様子が再現されている。「シャンシャン」とは馬が首に着けた鈴の音にちなんだもの。

■ 手綱を引き、花嫁に話しかける花婿／■ この年は外国人を含め3組が参加

所在地 ● 日南市宮浦3232 ［駐車場あり］
問合先 ● 日南市商工観光課
☎0987-31-1134
＊地図は151頁

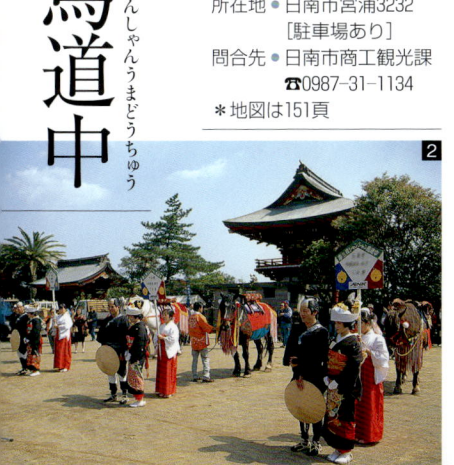

No. 91 飫肥城と堀川運河
おびじょうとほりかわうんが

右頁＝城内にはたくさんの飫肥杉がそびえる／❶昭和53年に飫肥杉を使って復元された大手門／❷本丸跡へと続く階段。寅さんが足を怪我するシーンの撮影場所となった／❸国登録有形文化財の堀川運河と堀川橋。貞享3 (1686) 年に完成した堀川運河は、山間部で伐採された飫肥杉の運搬用に造られた。広瀬川の下流から油津港まで全長900m

静謐な城内と
レトロな雰囲気が漂う運河

伊東家14代の拠点であった名城・飫肥城。共通券を購入すれば、鎧兜や刀剣などを展示する飫肥城歴史資料館や藩主の住まいであった豫章館など7つの関連施設を見学できる。城を中心とする城下町は往事の面影を留めており、九州初の重要伝統的建造物群保存地区に指定された。

また、堀川橋から飫肥城、日南海岸一帯は「男はつらいよ 寅次郎の青春」のロケが行われたことでも知られている。

所在地●日南市飫肥［駐車場あり］
問合先●日南市商工観光課☎0987-31-1134
　　　　飫肥城下町保存会☎0987-25-4533
入館料（共通券）●大人600円／高大450円／小中350円
　　　9：30－16：30（12月29・30・31日は休館）

No. 92 鬼の洗濯板
おにのせんたくいた

広大な奇岩と
南国情緒あふれる花々

昭和30年、宮崎市南部から志布志湾に至る海岸一帯が日南海岸国定公園に指定された。海岸線沿いは青島や堀切峠、鵜戸神宮、都井岬と、景勝地や観光地が続く人気のドライブルート。

中でも宮崎観光の代名詞となっているのが鬼の洗濯板。砂岩・泥岩が波に浸食され、鋸状の地形が形成された。干潮時はギザギザ模様が露出して、特有の景観を堪能することができる。

❶道の駅フェニックスの展望台／❷洗濯板から獲物を狙う釣り師たち／❸研ぎ澄まされた刀のような岩／右下＝１月というのにブーゲンビリアが満開だった

所在地 ● 宮崎市大字内海字三池381-1
　　　　［道の駅フェニックス／駐車場あり］
問合先 ● 宮崎市観光協会☎0985-20-8658
＊地図は151頁

153　宮崎

No.93 都井岬と御崎馬(といみさきとみさきうま)

天然記念物の野生馬が草をはむ絶景岬

国道448号線から県道36号線に入り、突端の都井岬まで走る。途中、道路に野生の猿が出没するハプニングも。

ここで暮らす御崎馬は、江戸時代に軍用として育てられた馬が野生化した日本在来馬の一種で、毛並みが黒く足が短いのが特徴。平成25年1月現在、86頭の生息が確認されている。

岬には南国特有のソテツが自生し、大きな白亜の灯台からは太平洋の絶景を見渡せる。

御崎馬の向こうに太平洋が広がる

所在地 ●串間市都井岬 [駐車場あり]
問合先 ●串間市役所 ☎0987-72-1111

鹿児島
KAGOSHIMA

鹿児島港に入港した日本丸と桜島

No. 94 桜島
さくらじま

1 桜島と垂水市を結ぶ牛根大橋を渡って振り返ると，湾内には整然と並ぶ漁船団。噴煙は遙か霧島方向へ伸びていた／2 大正3年の大噴火で灰に埋もれた黒神埋没鳥居／3 一直線の溶岩ハイウェイ。海の向こうは鹿児島市街／4 有村溶岩展望所への道は灰だらけ／5 灰が積もった広場で凧揚げ。桜島っ子はとっても元気

海上で噴煙を吐き続ける巨大な火の島

周囲約55kmの巨大な島は、約2万6000年前に誕生したといわれている。今も1日平均3回は噴煙を上げるという活火山。フェリーターミナルに到着し、料金所を出て、流れ出た溶岩でできた奇岩を見ながら走る道はその名も溶岩ハイウェイ。

大正3（1914）年の大噴火で桜島は陸続きになり、同時に死者・行方不明者58名、焼失家屋2148戸という甚大な被害を及ぼした。島を一周すると、猛威の跡を体感できる。

所在地 ● 鹿児島市桜島
　　　［駐車場は各所にあり］
問合先 ● 鹿児島市観光振興課
　☎099-216-1327
＊地図は160頁

No. 95 仙巌園
せんがんえん

万治元（1658）年、島津家の19代光久により造られた別邸として仙巌園。桜島を築山、錦江湾を池に見立てた贅沢なつくりの庭園は、篤姫や勝海舟、イギリスの貿易商グラバーなど国内外の来園者を魅了した。巨岩に文字が彫られた千尋巌や望嶽楼（中国風のあずまや）には中国文化の影響も見てとれ、薩摩藩が独自に外国と交流を続けてきた証とも言える。

園内はとても広く、すべて見るには1日でも足らないほど。どこを眺めても絵になる鹿児島一の絶景庭園である。

国内外の要人を魅了した
島津家別邸の名園

所在地 ● 鹿児島市吉野町9700-1　[駐車場あり／有料]
問合先 ● 仙巌園☎099-247-1551　　＊地図は160頁
入園料 ● 高校生以上1000円／小中学生500円　8：30－17：30

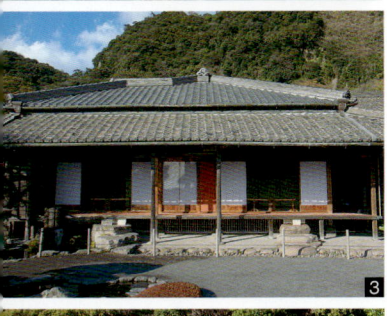

❶ヤクタネゴヨウマツの巨木と桜島の絶景は人気の撮影ポイント／❷江南竹林。江南竹は中国原産の竹で孟宗竹のこと。江戸時代に藩主が琉球を通じて取り寄せ、ここから全国に広まったという／❸磯御殿。明治になり鶴丸城を明け渡した後は藩主本邸として使われた。御殿ガイドツアーは和服姿のガイドさんの説明と抹茶、島津家ゆかりの和菓子のサービス付き／❹薩英戦争で使用された150ポンド砲のレプリカ

No.96 城山展望台
しろやまてんぼうだい

桜島と鹿児島市内のブルーモーメント

城山展望台は桜島と鹿児島市街を一望できる人気の展望地。夜は照明が灯され、夜景観賞も便利な場所だ。陽が沈み、暗い夜空に向かうわずかな時間、空が蒼く輝く現象をブルーモーメントと呼ぶ。その感動的瞬間の撮影に向け、日没1時間前から現場に到着して準備に取りかかった。鹿児島に住む人たちは、ここから望む桜島が一番の絶景だという。

所在地 ● 鹿児島市城山町22 [駐車場あり]
問合先 ● 鹿児島市観光振興課
☎ 099-216-1327

160

街に光が灯り，空が蒼く染まる感動のブルーモーメント

夕方にテスト撮影。夕焼けに赤く染まる桜島もまた美しい

鹿児島

No. 97

嘉例川駅
かれいがわえき

開業110年を経過，今も現役の木造駅舎

九州自動車道溝辺鹿児島空港ICから国道504号線を北上、県道56号線へ右折して約2km。嘉例川駅は明治36（1903）年開業。木造の駅舎は当時からのもので、今は無人駅となっている。百有余年の歴史を刻んできたレトロな駅舎である。

1 登録有形文化財の駅舎／**2** 映画「鉄道員」の健さんが立っていそうなホーム／**3** 駅舎内も昔のまま。板張りの廊下がきしむ音が何とも懐かしい

所在地 ●霧島市隼人町嘉例川
　　　　［駐車場あり］
問合先 ●霧島市観光課
　☎0995-45-5111

日本一の巨樹はこれだ！

九州自動車道姶良ICから県道57号・25号線を北上し、蒲生八幡神社へ。屋久島の縄文杉が日本一の巨樹だと思っている人が多いが、この蒲生の大楠が旧環境庁の調査で認定された正真正銘の日本一。樹高30m、幹周り24.2mで、国指定特別天然記念物。樹齢1500年とも言われるが、支え棒に頼らず自力で立ち続けているところが凄い。ぜひ日本一偉大なパワーを感じてほしい。

No.98 蒲生の大楠
かもうのおおくす

蒲生のクス
国指定特別天然記念物

所在地 ● 姶良市蒲生町上久徳・蒲生八幡神社 ［駐車場あり］
問合先 ● 姶良市蒲生総合支所 ☎0995-52-1211

一緒に写った私たちと比較してほしい。身長180cmの私でもこんなに小さく見えてしまう

No. 99 開聞岳と長崎鼻
かいもんだけとながさきばな

秀麗な薩摩富士と半島最南端の岬

所在地 ● 指宿市
　　　　［各所に駐車場あり］
問合先 ● 指宿市観光協会
☎0993-22-3252

九州自動車道鹿児島ICから指宿スカイラインを経由し、県道17号・28号線を薩摩半島南端へ。開聞岳は標高924m、綺麗な円錐形の姿から「薩摩富士」の愛称で知られる。日本百名山の一つだが、ほとんどが標高1500mを超える中ではまれな低山である。本家富士山同様、どんな角度から眺めても絶景を堪能できる。

近隣の「フラワーパークかごしま」や「長崎鼻パーキングガーデン」では南国特有の植物を鑑賞でき、立ち並ぶ土産物屋を通り抜けて行き着く先は、薩摩半島最南端の長崎鼻である。

右3枚＝どこから見ても絵になる薩摩富士・開聞岳／下＝長崎鼻で磯釣りを楽しむ人たち

No. 100 知覧武家屋敷
ちらんぶけやしき

薩摩の小京都をゆったりと巡る

知覧には武家屋敷の美しい石垣と生け垣が今も残り、「薩摩の小京都」と讃えられる。一帯は国の重要伝統的建造物群保存地区に選定され、7つの庭園が国の名勝に指定されている。そのうち森氏庭園のみが築山泉水式庭園で、他の6庭園は枯山水式である。道の奥から武士が歩いてきそうなタイムスリップ感を楽しみながら、のんびり散策したくなる。見学コース上には立入禁止の個人宅もあるので注意して巡りたい。

上＝静かな武家屋敷通り／❶「知覧型二つ家」と呼ばれる民家建築。住居と台所をつなげた独特の建築様式で市指定文化財／❷箪笥などの生活用具も展示されている／❸枯山水の見事な庭園

所在地 ●南九州市知覧町郡　[駐車場あり]　＊地図は前頁
問合先 ●南九州市商工観光課☎0993-83-2511
庭園入園料　大人500円／小中学生300円　9:00-17:00

あとがき

本書の撮影は平成24年夏の終わりから始まり、順調に進みました。近年ハズレが多かった九州の紅葉も、天の恵みなのか久しぶりに目が覚めるように鮮やかでした。

「次は何？ 石橋？ それとも棚田？ 海？」と私をよく知る人たちからの質問攻めに「すべてです！」と答えていたが、これでそれが嘘ではなかったことがおわかりいただけたと思います。

撮影対象を固定しない今回の旅は、建物も自然も新鮮で、何より私自身が大いに楽むことができました。過去に撮影済みの一部を除き、本書の大部分を1年以内の短期間で走破しました。

旅先で親切にしてくださった地元の皆さん、お世話になりました。

海鳥社の西俊明社長、前著『発見！九州の滝』からの編集担当で、今回の本のアイデアをいただいた田島卓さん、ありがとうございました。

そして、たまに間違う"カカアナビ"を担当し、どんな時も笑顔で癒してくれる妻ゆり香へ──ありがとう、貴女のおかげです。

さて、次はどんな出会いが待っているのやら……。だから旅はエンドレス……なのです。

平成25年9月

熊本広志

熊本広志（くまもと・ひろし）
「地元再発見の旅」をテーマに九州各地を撮影。著書に『九州の滝　100の絶景』(2007年)、『九州の巨樹　100の絶景2』(2009年)、『発見！九州の滝　100の絶景3』(2012年)、『絶景アジア　ツアーで行ける100名所』(2016年，いずれも海鳥社) がある。現在，九州内外を問わず精力的に取材，撮影中。

絶景九州
今すぐ行きたい100名所

■

2013年10月1日　第1刷発行
2018年6月1日　第4刷発行

■

著　者　熊本広志
発行者　杉本雅子
発行所　有限会社海鳥社
〒812-0023　福岡市博多区奈良屋町13番4号
電話092(272)0120　FAX092(272)0121
印刷・製本　ダイヤモンド秀巧社印刷株式会社
ISBN978-4-87415-894-4
http://www.kaichosha-f.co.jp
［定価は表紙カバーに表示］